예술혼을 꽃피운 겨레의 어머니
신사임당

본문 그림 장명희
장명희 선생님은 동양화를 그려 왔으며 현재 프리랜스 일러스트레이터로 어린이 책에 그림을 그리고 있습니다.
그린 책으로 《조선과 함께한 27인의 여걸》, 《우리 문화 91가지》, 《똥 마을의 비밀》, 《솔로몬의 지혜 내 것 만들기》,
《신동들의 비밀 수첩》, 《팥죽 할머니와 호랑이》, 《아버지》, 《경제동화 기쁨을 주는 회사》 등이 있습니다.

부록 그림 김부일
김부일 선생님은 《한국일보》에서 일러스트, 인포메이션 그래픽 업무를 했으며
'뉴시스' 멀티미디어 팀 부장, 《데일리줌》 만화 팀장 등을 역임했습니다.
현재 (주)김부일커뮤니케이션을 설립하여 다양한 기획 및 일러스트를 진행하고 있습니다.

표지 그림 청설모
청설모 선생님은 중앙대학교에서 한국화를 전공했으며
《스포츠서울》, '다음 미디어', 《씨네21》 등 다양한 대중 매체에 만화를 연재해 왔습니다.
이 밖에 'SK 텔레콤' 등에 플래시 애니메이션을 제작해 제공하기도 했습니다.

웅진생각쟁이인물 32

신사임당

초판 1쇄 발행 2008년 8월 25일
초판 3쇄 발행 2010년 6월 24일

지 은 이 문혜진
발 행 인 최봉수
총편집인 이수미
편 집 인 이화정
편집주간 신지원
편집진행 그림자리_구준회 강명옥 김혜영 한보미
디 자 인 dnb_이영수 박소연 김윤정 www.idnb.co.kr
사진제공 포인스 연합포토 유로포토
마 케 팅 박성인 신용천 최재근 양근모 이승아
제   작 최서윤

임프린트 웅진주니어
주   소 서울시 종로구 동숭동 199-16 웅진빌딩
주문전화 02-3670-1570,1571 팩스 02-747-1239
문의전화 02-3670-1192(편집) 02-3670-1024(영업)

발 행 처 (주)웅진씽크빅
출판신고 1980년 3월 29일 제406-2007-00046호.

ⓒ 문혜진 2008 (저작권자와 맺은 특약에 따라 검인을 생략합니다)
ISBN 978-89-01-08513-5
ISBN 978-89-01-07192-3(세트)

씽크하우스는 (주)웅진씽크빅 단행본개발본부의 브랜드입니다.
이 책은 저작권법에 따라 보호받는 저작물이므로 무단 전재와 무단 복제를 금지하며,
이 책 내용의 전부 또는 일부를 이용하려면 반드시 저작권자와 (주)웅진씽크빅의 서면동의를 받아야 합니다.

· 잘못된 책은 바꾸어 드립니다.
· 책값은 뒤표지에 있습니다.

웅진생각쟁이인물 32

예술혼을 꽃피운 겨레의 어머니
신사임당

문혜진 지음

머리말

차별을 뛰어넘어 예술적 재능을 꽃피운 조선의 어머니

1504년에 태어난 화가이자 서예가이며, 시인인 신사임당은 우리나라 여성 위인들 가운데 가장 널리 알려진 분입니다. 여성에 대한 차별이 심하던 조선 시대에 살았으면서도 자신의 재능을 꽃피워 다양한 분야에서 이름을 날렸으니까요.

신사임당은 어려서부터 예술에 뛰어난 재능을 보였습니다. 일곱 살 때 이미 안견이라는 조선 시대 최고 화가의 그림을 그대로 그려 내기도 했습니다. 그뿐만이 아닙니다. 나이가 들어서는 꽃과 나비, 벌레 그림을 아주 잘 그려 후대 학자들로부터 조선 시대 최고의 '초충도' 화가라 불리기도 했지요. 또한 글씨도 잘 써서 당대 최고의 서예가로 이름을 날리기도 했답니다. 신사임당의 글씨체는 많은 서예가의 모범이 되었고, 후대의 여러 서예가가 신사임당의 글씨를 배우고자 노력하기도 했습니다.

신사임당은 학문과 시에도 뛰어난 재능을 보였습니다. 당시에는 여자는 과거 시험을 볼 수 없어 자신의 재능을 세상에 널리 알릴 수 없었지만, 누구보다도 많은 책을 읽고 책 속의 내용을 실천하여 당대는 물론 후대 사람들에게까지 학식과 인품이 훌륭한 사람으로 존경을 받았습니다. 또한 감수성이 풍부해 시도 잘 지었는데, 특히 〈대관령을 넘으며 친정을 바라보네〉와 〈어머니 그리워〉는 지금까지도 많은 사람에게 애송되고 있습니다.

그럼에도 우리가 아는 신사임당은 그저 아들 율곡 이이를 잘 키워 낸 현모양처라는 것뿐입니다. 물론 신사임당의 자식들 가운데에는 학문과 그림에 뛰어나 '작은 신사임당'이라 불리던 딸, 매창이 있습니다. 또한 조선 시대 대학자인 율곡 이이, 시와 서예는 물론 거문고에도 뛰어났던 이우 같은 아들도 두었습니다. 그러나 이들을 훌륭하게 키워 낸 것은 단순히 뒷바라지를 잘해서가 아니라 아이들에게 모범을 보인 신사임당의 교육 방법 덕분입니다. 신사임당은 아이들에게 훌륭한 선생님이었던 것입니다.

여러분도 신사임당처럼 환경을 탓하지 않고 자신의 재능을 마음껏 펼쳐 꿈을 이루었으면 좋겠습니다.

문혜진

차례

머리말 · 4

신사임당, 화폐의 주인공이 되다! · 8
   생각쟁이 열린마당 조선 시대에 한 획을 그은 여성 위인들 · 22

달밤, 거문고 소리에 눈물을 흘리다 · 26
   생각쟁이 열린마당 문화재 보존의 이유 · 43

새로운 결혼 문화를 외치다! · 46
   생각쟁이 열린마당 조선 시대의 결혼 문화와 여성의 지위 · 70

신사임당과 주변 인물들 · 74
   생각쟁이 열린마당 훌륭한 인물 뒤의 도우미들 · 82

이론보다는 실천, 생각을 행동으로 옮겨라! 86

생각쟁이 열린마당 조선 시대의 교육 정책 104

신사임당만의 예술 세계, 시와 글씨 108

생각쟁이 열린마당 조선 시대 삼절들 124

꽃과 새 그리고 풀과 벌레, 살아 있는 그림의 세계 128

생각쟁이 열린마당 옛 그림 감상법 144

끝나지 않은 신사임당의 예술혼과 발자취 148

생각쟁이 열린마당 시대에 따라 달라지는 역사 속 위인관 167

신사임당의 발자취 170

신사임당,
화폐의 주인공이 되다!

왜 신사임당인가

"한국은행은 새로이 만들어지는 5만 원권 지폐 주인공으로 신사임당을 최종 확정했습니다."

2007년 12월 31일, 한국은행은 새로 만들 5만 원권과 10만 원권 지폐 도안에 각각 신사임당과 김구를 선정했습니다. 언론에서는 이 놀라운 사실을 앞을 다투어 보도했습니다. 김구는 우리나라 독립운동에 힘쓴 대표적인 위인이어서 큰 이견이 없었지만, 신사임당의 경우는 달랐습니다. 우리나라 지폐 도안 역사상 처음으로 여성이 주인공으로 등장하게 된 것입니다. 이 결정에 대해 많은 말이 오갔습니다.

"왜 하필이면 신사임당이지? 신사임당 말고도 역사상의 위인은 많잖아?"

"그래도 남녀 평등 시대에 여성 위인도 있어야 하지 않겠어? 그렇다면 신사임당이 딱이지. 우리나라에 신사임당만큼 유명한 여성 위인이 또 있어?"

"그래도 신사임당은 현모양처잖아. 조선 시대 대학자이던 율곡 이이를 잘 키운 어머니일 뿐이지 뭐 대단한 일을 했다고?"

"여성으로서 자식을 훌륭하게 키운 것만큼 큰일도 없지. 안 그래?"

많은 사람이 5만 원권 지폐 도안에 신사임당이 선정된 사실에 대해 찬성과 반대의 입장을 보였습니다. 찬성하는 사람들은 현대는 남녀 평등의 시대이므로 당연히 여성 위인이 지폐의 주인공이 되어야 한다고 했습니다. 반대로 신사임당은 단순한 현모양처이기 때문에 현대 여성상과는 맞지 않는다는 사람도 많았습니다.

그렇다면 신사임당은 율곡 이이를 키워 낸 현모양처로만 기억되어야 될까요? 사실 신사임당은 지금까지 많은 사람이 알고 있는 위인임에도 불구하고 율곡 이이를 키워 낸 훌륭한 어머니로만 알려져

현모양처 어진 어머니이자 착한 아내라는 뜻으로, 조선 시대에 가장 이상적인 여성의 모습임.

이이(1536~1584) 조선 중기의 학자. 호조·이조·병조 판서 등을 지냈으며, 우주의 근원적 존재를 추상적인 대상보다는 물질적인 대상에서 구해야 한다는 주기론을 주장함.

신사임당

있습니다. 물론 신사임당은 조선 시대 대학자이자 정치가이며 문장가이던 율곡 이이를 비롯해, 그림 솜씨가 뛰어난 큰딸 이매창, 어머니를 닮아 거문고와 글씨와 그림에 뛰어난 넷째 아들 옥산 이우를 훌륭하게 키워 낸 대단한 어머니인 것은 사실입니다.

　그러나 신사임당은 단순히 남편을 내조하고 자식을 잘 키워 내기만 한 인물은 아닙니다. 신사임당 자신도 조선 시대 길이 남을 뛰어난 그림을 그려 낸 예술가였으며, 시인이자 서예가였습니다. 또한 어려서부터 학문에 뛰어난 재능을 보인 학자이기도 했습니다.

　신사임당의 예술적 재능은 남달랐습니다. 특히 풀과 벌레, 꽃 그림인 초충도를 잘 그렸습니다. 단순히 아녀자가 취미로 그리는 수준이 아니라 그녀만의 독특한 예술 세계와 개성이 담긴 훌륭한 작품들을 후대에 길이 남긴 예술가였습니다. 학자들은 신사임당의 초충도를 보고 극찬했습니다.

"이런 그림을 그려 내다니, 과연 신사임당은 초충도에 있어서는 조선 시대 최고의 화가야."

"이런 그림은 중국에서도 보지 못하던 것이야. 우리나라 초충도 가운데 가장 뛰어난 작품들을 그려 냈어. 대단해!"

우리나라 역사에는 신사임당만큼 혹은 그 이상의 업적을 남긴 훌륭한 사람이 물론 많습니다. 화가로는 풍속화의 대가이던 단원 김홍도˚와 겸재 정선˚이 있고, 서화가로는 추사체를 완성한 추사 김정희˚가 있습니다. 시인으로는 주옥같은˚ 시들을 남긴 송강 정철˚을 비롯해 셀 수 없을 정도로 많은 인물들이 있습니다.

그런데도 신사임당이 지금까지 우리 기억에 남아 그들과 어깨를 나란히 하고 있는 이유는 무엇일까요? 그리고 그들을 제치고 우리나라 대표 위인으로 선정되어 지폐 도안으로 채택된 이유는 무엇일까요? 그것은 바로 신사임당이 여성이라는 사실입니다. 여성의 사회 진출은 꿈도 꿀 수 없던 조선 시대의 상황을 알

김홍도(1745~1806?) 조선 후기의 화가. 풍속화의 대가였으며 서민들의 일상생활을 주로 그림.

정선(1676~1759) 조선 후기의 화가. 처음에는 중국의 그림을 모방하다가 나중에는 조선의 자연과 풍경을 담아 내는 진경 산수화를 그렸으며, 여행을 즐겨 전국 곳곳을 돌아다니면서 그림을 그림.

김정희(1786~1856) 조선 후기의 문신이자 서화가. 이조 참판을 지내고, 사실에 토대를 두어 진리를 탐구하는 실사구시를 주장했으며, 추사체를 완성함.

주옥같음 구슬과 옥처럼 매우 아름답거나 귀함.

정철(1536~1593) 조선 중기의 문신이자 시인. 〈관동별곡〉, 〈사미인곡〉 등의 가사를 남김.

고 나면 쉽게 이해할 수 있을 것입니다.

조선 시대 여성인 신사임당이 후대에까지 이름을 날렸다는 사실은 대단한 일입니다. 그 당시 여성들은 남편을 잘 섬기고, 자식을 잘 키우며, 부모를 공경하는 것이 삶의 전부였다고 해도 틀린 말이 아닙니다.

단순히 남편을 잘 모시고 자식을 잘 키운 현모양처에서 벗어나 넘치는 재능으로 훌륭한 작품들을 남긴 신사임당의 예술혼은 현재까지 이어져 많은 사람에게 칭송받고 있습니다. 또한 신사임당은 여성 예술가로는 처음으로 '삼절'이라 불리기도 했습니다.

최고의 예술가에게만 허락된 이름, 삼절

그럼 여기서 잠시 조선 시대 예술가들에 대해 살펴보도록 할까요? 당시 예술이라 불릴 수 있는 분야는 시와 서예, 그림, 거문고 등이었습니다. 지금이야 조각이나 도자기를 만드는 사람도 예술가라 부르지만, 조선 시대에는 공예품은 주로 장인*이 만드는 것으로 취급했습니다.

그 가운데에서도 시와 서예, 그림을 가장 높이 평가했습니다. 거문고 역시 학문과 덕을 쌓은 선비들이 즐

장인 손으로 물건 만드는 일을 업으로 하는 사람. 예술가를 이르는 말로도 쓰임.

기던 악기였지만, 아무래도 시와 서예, 그림에 비해서는 낮은 것으로 생각을 했지요. 그것은 조선 사회가 문인을 중시했기 때문입니다.

잘 알려져 있다시피 조선 시대 사회와 문화, 예술을 주도한 계층은 양반이었습니다. 그리고 양반들의 가장 큰 덕목은 학문과 글이었지요. 따라서 시를 잘 짓고 글씨를 잘 쓰는 사람을 높이 평가했습니다. 또한 그림도 글씨와 같이 붓으로 하는 것이기에 선비들이 익혀야 할 예술 분야로 생각했습니다.

문인 글을 쓰거나 책을 읽으며 학문을 연구하는 사람을 일컫는 말.

그래서 조선 시대에는 예술가들에게 주는 독특한 직위가 있었습니다. 바로 삼절이라는 것이지요. 삼절이란 '세 가지 분야에 매우 뛰어난 인물'을 뜻하는 것으로, 주로 시와 서예, 그림에 뛰어난 예술가를 지칭하는 말이었습니다. 물론 삼절이라 불린다 해서 상금이나 선물을 받는 것은 아니지만, 가장 뛰어난 예술가임을 증명하는 것이기에 예술가들 사이에서 삼절이라는 칭호는 다른 무엇보다 큰 명예였습니다. 바로 자신이 당대 최고의 예술가임을 증명해 주는 것이니까요. 그래서 많은 예술가가 삼절이라는 칭호를 얻기 위해 열심히 노력했습니다.

그러나 삼절이라는 칭호는 아무나 얻는 것이 아니었습니다. 시를 잘 짓는 사람도 그림과 글씨가 뛰어나지 못하면 결코 삼절이 될 수 없었고, 화가나 서예가들도 시를 잘 짓지 못하면 삼절이 될 수 없었기 때문입니다. 요즘 기준으로 보자면 뛰어난 시인, 서예가, 화가로 이름을 날려야 하는 것입니다. 이는 결코 쉬운 일이 아니지요. 한 가지 분야에서 두각을 나타내기도 힘든데, 상당한 예술적 기량이 필요한 세 가지 분야 모두 경지에 이른다는 것은 그야말로 대단한 재능과 노력이 필요한 일입니다.

그래서인지 조선 시대에 수많은 예술가가 있었지만, 정작 삼절이란 칭호를 얻은 인물은 그리 많지 않았습니다. 따라서 신사임당이 삼절이라 불린 것은 예술가로서 대단히 높은 경지에 올랐음을 증명해 주는 것입니다. 예술가, 어머니, 아내로서 어느 것 하나 소홀하지 않고 최선을 다한 신사임당은 시대를 초월한 훌륭한 인물로 존경받기에 마땅한 인물입니다.

조선에서 여성 예술가로 산다는 것

신사임당이 여성으로서 삼절이라 불리게 된 것은 대단한 일입니다. 특히 유교° 사회이던 조선에서 여성 예술가가 최고의 경지인 삼절이라는 칭호를 받았다는 사실은 엄청난 사건이었습니다.

유교 중국의 공자를 시조로 하는 '유학'을 종교적인 관점에서 이르는 말.

물론 지금은 시나 서예, 그림 등 각 분야에서 여성들이 활발하게 활동하고 있지만, 조선 시대에는 그렇지 못했습니다. 조선 시대 여성들은 가정이라는 울타리를 넘기가 쉽지 않았기 때문이지요. 그렇다면 여기서 잠깐 조선 시대 여성들의 삶이 어땠는지 살펴볼까요?

조선 시대는 유교 사상이 온 나라를 지배하던 때였습니다. 특히 조선 시대에는 유학의 여러 갈래 중에서 성리학을 학문의 중심으로 삼았는데, 성리학은 중국 남송 시대 주자가 정리한 것입니다.

성리학은 인간과 인간 사이의 윤리를 특히 중요시하는데, 여기서 우리가 잘 아는 남녀 차별이 생겨났습니다. 남존여비 때문에 조선 시대에는 여성이 남성보다 낮은 위치에 있었고, 여성의 사회 활동에도 많은 제약이 따랐습니다. 따라서 많은 여성이 재능이 있음에도 제대로 된 교육을 받지 못하고, 활동할 기회가 없어 빛을 보지 못한 것입니다.

주자(1130~1200) 중국 송나라의 유학자로, 성리학의 체계를 세워 완성함.

남존여비 사회적 지위나 권리에 있어서 남성을 여성보다 우대하고 존중하는 일. 남성 중심 사회에서 볼 수 있음.

"여자는 애나 낳아 잘 기르면 되지, 무슨 글을 배운다고 그래?"

"여자가 재주가 많으면 집안이 피곤해. 잘못하면 하늘 같은 남편을 무시할 수도 있다니까! 여자는 그저 아들 쑥쑥 낳아 잘 기르고, 밥 잘 짓고, 남편을 받들며 부모님께 효도하는 게 제일이지."

당시 여성들 가운데에도 어릴 적부터 뛰어난 재주를 지닌 사람은 많았을 것입니다. 그러나 대개 부모나 형제, 남편에 의해 묵살되었고, 조용히 집에서 남편과 시부모를 봉양하며 일생을 보낸 경우가 대부분이었습니다.

봉양 부모나 조부모와 같은 웃어른을 마음을 다하여 받들어 모심.

특히 '삼종지도'라 불리는 유교의 예법은 많은 부분에서 여성의 발전을 가로막았습니다.

"여자는 어릴 적에는 아버지를 따르고, 결혼해서는 남편을 따르며, 남편이 죽으면 아들을 따라야 하느니라."

이처럼 '여자는 평생 남자의 뜻에 따라야 한다'는 사고방식은 유교의 기본 원리로 여겨지면서 조선 시대 내내 지속되었습니다. 이 때문에 조선 시대 여성들은 사회 활동은 물론 자신의 의견조차도 말하지 못했지요.

온갖 사회적 제약과 남성의 그늘에 가려져 자신의 인생을 살기보다는 가문, 남편, 아들을 위해 자신을 희생하는 여성이 대부분이었습니다. 그러니 조선 시대에 여성 위인이 흔치 않았던 것은 어쩌면 당연한 일인지도 모릅니다.

예술에 있어서도 마찬가지였습니다. 물론 예술은

학문과 정치보다는 그 중요도가 낮아 여성들이 비교적 많이 활동한 분야였습니다. 그러나 이 분야에서도 이름을 날린 사람들은 남성이었습니다. 여성들은 뛰어난 재능이 있음에도 시대적 상황 때문에 세상에 이름을 널리 알리지 못했지요.

아깝다! 재능을 썩힌 수많은 여성

이렇듯 조선 시대 여성들은 뛰어난 재능을 마음껏 발휘하지 못하고, 남성들에 비해 낮은 평가를 받았습니다. 그 가운데 가장 먼저 떠오르는 사람이 바로 허난설헌입니다.

허난설헌은 신사임당의 바로 뒤 시기에 활동한 시인입니다. 신사임당과 같이 강릉에서 태어난 허난설헌은 시에 있어서 천재적인 재능을 발휘했습니다. 허난설헌은 얼굴도 아름다웠으며, 차분한 성격에 뛰어난 글 솜씨까지 겸비한 그야말로 팔방미인[•]이었습니다.

그러나 신사임당과 달리 허난설헌은 자신의 재능을 마음껏 펼치지 못하고 요절[•]한 불운의 시인이기도 했습니다. 열다섯 살에 조선 최고의 명문가[•]이던 안동 김씨 김성립에게 시집을 갔는데, 그것이 불운의 시작

팔방미인 여러 방면에 뛰어난 능력을 지닌 사람.
요절 젊은 나이에 세상을 떠남.
명문가 사회적 지위가 높고 널리 알려진 가문.

이었습니다.

김성립의 집안에서는 허난설헌이 작품 활동을 하는 것을 싫어했습니다. 그저 남편을 잘 모시고 집안일을 잘하는 것만을 원했지요. 그러나 허난설헌은 그러한 현실을 견디지 못했습니다. 당대 그 누구보다 뛰어난 재능을 가진 시인으로서 그런 자신을 알아주지 않는 현실을 힘들어 했습니다. 결국 허난설헌은 스물일곱이라는 젊은 나이에 세상을 떠나고 말았지요.

허난설헌 묘 경기도 광주시 지월리에 있는 허난설헌 묘와 시비다.

안타깝게도 허난설헌의 시집 《난설헌집》은 조선이 아니라 명나라에서 극찬을 받았습니다. 허난설헌의 동생이던 허균이 명나라 시인 주지번에게 시집을 주었는데, 시를 읽어 본 주지번이 크게 감탄하며 책으로 출판했다고 합니다. 또한 1711년에는 일본의 분다이야 지로라는 사람에 의해 일본에서도 간행되어 널리 애송되었습니다. 여성이었기 때문에 조선에서는 불행한 삶을 살

허균(1569~1618) 조선 시대의 문인이자 소설가. 우리나라 최초의 한글 소설인 《홍길동전》을 지음.

애송 시나 구절 등을 즐겨 외움.

다 갔지만, 중국과 일본에서는 그 가치를 인정받았던 것입니다.

이 밖에도 시인으로 유명한 이옥봉이라는 여성이 있었습니다. 이옥봉 역시 허난설헌과 비슷한 시기에 활동한 인물입니다. 이옥봉은 여성인 데다 첩˙의 딸이었습니다. 그래서 제대로 된 결혼을 하지 못하고 조원이라는 사람의 첩으로 들어가게 되었지요. 그러나 이옥봉은 불행한 삶을 살아가면서도 주옥같은 시들을 써냈습니다.

조원은 이런 이옥봉의 재능을 싫어했습니다. 첩인 주제에 자기보다 훨씬 뛰어난 문장력을 지닌 이옥봉이 결코 좋아 보일 수 없었던 것이지요. 그래서 조원은 말도 안 되는 핑계를 잡아 이옥봉을 쫓아내고 말았습니다. 결국 이옥봉은 임진왜란˙ 중에 죽음을 맞이했고, 그의 시도 여기저기 흩어지게 되었습니다.

양반 남성이었으면 재능을 널리 떨쳐 조선 시대 최고의 시인으로 후대까지 길이 알려졌을 텐데, 여성인 데다 첩의 자식이었기 때문에 쫓겨나 주옥같은 시를 발표하지도 못한 채 불운하게 세상을 마감해야 했던 것입니다.

이 밖에도 역사책에 기록되어 있지는 않지만 뛰어난 여성은 굉장히 많을 것입니다. 다만 이들은 시대를 잘못 만나 불행한 삶을 살거

첩 정식 아내 외에 데리고 사는 여자. 오늘날에는 법적으로 인정되지 않음.

임진왜란(1592~1598) 일본 전국을 통일한 도요토미 히데요시가 명나라를 정벌하기 위해 길을 비켜 달라는 핑계로 조선을 침입해 일어난 전쟁.

나 차별에 순응하며 살아야 했겠지요. 어떻게 생각하면 신사임당도 마찬가지였습니다. 신사임당은 조선 시대부터 널리 알려진 위인이지만, 글을 잘 쓰고 그림을 잘 그린 예술가로서가 아니라 율곡 이이

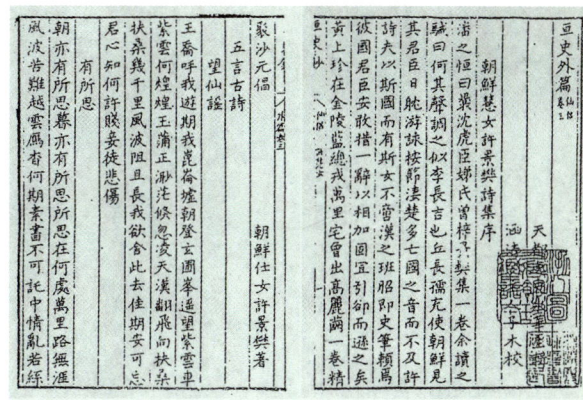

허난설헌 시집 중국에서 발굴된 허난설헌 시집 《취사원창》의 본문 일부다.

라는 대학자를 낳고 기른 현모양처로 알려진 것이지요.

  신사임당이 예술가로 알려지게 된 것은 최근 미술사를 연구하는 학자들 덕분입니다. 신사임당이 이 정도였으니 조선 시대 뛰어난 재능을 가진 일반 여성들이 얼마나 심한 차별을 받았을지는 잘 알 수 있을 것입니다.

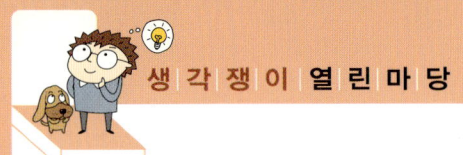

조선 시대에 한 획을 그은 여성 위인들

역사책을 보면 국내외를 막론하고 위인들은 대부분 남성이다. 이는 우리나라의 역사를 비롯한 전 세계의 역사가 남성 중심으로 진행되었고, 남녀 차별이라는 말이 우리나라 및 유교 문화권만의 이야기가 아니라 전 세계적인 것이었기 때문이다. 그럼에도 역사책을 보면 뛰어난 업적을 남긴 여성 위인이 많이 등장한다.

우리나라 역시 마찬가지다. 삼국 시대 신라에서는 선덕 여왕, 진덕 여왕, 진성 여왕 등 여성이 나라의 왕이 되기도 했고, 고구려의 평강 공주는 동네 바보라 여겨지던 온달에게 시집을 가 결국 온달을 고구려의 뛰어난 장수로 만들기도 했다. 또 고려 시대에는 우리나라 사람은 아니지만 원나라의 노국대장 공주가 공민왕의 왕비로 들어와 왕이 나라를 다스리는 데 많은 힘을 보태기도 했다.

그러나 조선 시대는 유학이 나라의 기본 이념이 되면서 여성의 사회 활동이나 정치 참여의 길이 어려웠다. 이 때문에 여성 위인이 정치·사회 분야에서는 거의 보이지 않는다. 대신 문화·예술 분야에 많은 여성 위인이 있었다. 신사임당을 비롯해 허난설헌, 황진이 등이 바로 그들이다.

허난설헌은 불행한 삶을 살았지만 그의 시집은 명나라와 일본에까지 전래되어 널리 애송되었으며, 황진이는 기생이었음에도 당대 최고의 학자이던 서경덕과 시와 학문을 토론했고, 결국 송도(현재 개성)를 대표하는 '송도삼절' 중 하나로 칭송되었다. 이 밖에도 많은 여류 문인이 문학 분야에서 재능을 꽃피웠으나 후대에 그리 널리 알려지지 않았는데, 그 이유는 바로 조선 시대에 뿌리 깊이 박혀 있던 유교 사상의 남녀 차별 때문이었다.

한편, 다른 분야에서 뚜렷한 업적을 남긴 인물들도 있다. 그 가운데 대표적인 인물이 바로 임윤지당과 김만덕이다. 임윤지당은 조선 시대 대표적인 학문이던 성리학에 정통해 조선 시대 최초의 여성 철학자로 알려진 인물이다. 임윤지당은 말년에 《윤지당유고》를 냈는데, 이 책은 당대는 물론 후대 학자들에게도 뛰어난 저서로 평가받고 있다.

김만덕은 좀 더 독특한 인물이다. 김만덕은 제주 사람으로 원래 양인의 딸이었으나, 천민의 직업인 기생이 되었다. 그러나 훗날 관아를 설득해 양인의 신분을 회복한 뒤 장사를 통해 큰 재물을 얻었다. 그러다 1795년 심한 흉년으로 굶어 죽어 가는 사람이 많아지자, 풍랑을 무릅쓰고 뭍으로 가서

쌀을 구해 와 사람들을 살렸다고 한다. 이 일은 이후 정조 임금에게까지 보고가 되어 조선 팔도에 김만덕의 선행이 널리 알려지게 되었다. 즉, 김만덕은 조선 시대 최초의 여성 사업가이자 사회 사업가인 셈이다.

물론 이들보다 훨씬 뛰어난 업적을 남긴 역사적 위인은 많다. 그러나 우리가 이들을 역사적 위인으로 대우해야 하는 이유는 이들이 바로 여성이라는 점 때문이다.

유교 국가이던 조선에서 여성은 집 밖으로 나가는 것조차 쉽지 않았다. 그럼에도 이들은 자신의 뛰어난 재능을 꽃피워 역사에 이름을 남겼다. 그러기 위해 이들은 같은 업적을 남긴 남성들보다 몇 배 혹은 몇 십 배의 노력을 기울였을 것이다. 우리가 조선 시대 여성 위인들을 다시금 돌아보아야 할 이유가 바로 여기에 있다.

달밤, 거문고 소리에 눈물을 흘리다

천부적인 재능을 가진 아이, 인선

그렇다면 신사임당이 어떤 인물이었는지 구체적으로 살펴보도록 할까요? 신사임당은 1504년 강릉 북쪽에 있는 북평 마을에서 태어났습니다. 북평은 현재 강릉시 오죽헌 지역입니다. 오죽헌은 뒤로 야트막한 야산이 둘러져 있고, 앞으로는 농경지가 넓게 펼쳐져 있는 곳입니다.

예전에는 집을 지을 때 풍수지리˙를 따졌는데, 오죽헌 지역은 풍수지리상 뒤에 산이 있고 앞에 물이 있는 배산임수라 하여 최고의 명당자리˙로 알려져 있습니다.

신사임당의 집안은 고려 시대부터 명문가였습니다. 평산 신씨 가

문으로, 시조는 고려를 세운 왕건의 오른팔이던 신숭겸 장군이었습니다. 또한 고조할아버지가 세종 시절에 좌의정을 지내 조선 시대에도 높은 벼슬을 지낸 집안이었습니다.

아버지 신명화는 신사임당이 열세 살이던 1516년 과거에 급제해 진사가 되었으나, 그 이상의 벼슬에는 나가지 않았습니다. 그 이유는 당시의 불안정한 정치 상황 때문이었습니다.

신명화는 학식이 매우 높은 선비여서 많은 사람이 따랐습니다. 그러나 신명화가 활동하던 중종 시대는 조선 건국에 힘을 쓴 공신들인 훈구파와 학식이 높은 선비 집안인 사림파로 나뉘어 정치적으로 매우 혼란하던 때였습니다. 게다가 기묘사화라는 큰 사건까지 일어나 사림파의 많은 선비가 목숨을 잃게 되었습니다.

신명화는 사림파의 명망 높은 선비였기에 만약 벼슬길에 나갔다면 큰 화를 당할 뻔했지요. 이러한 일이 일어날 것을 예측했기에 신명화는 벼슬을 사양한 것입니다. 덕분에 신사임당 가족은 큰 화를 면할 수

풍수지리 지리의 모양이나 방위를 인간의 운명과 연결시켜, 죽은 사람을 묻거나 집을 짓는 데 알맞은 장소를 구하는 이론.

명당자리 어떤 일을 하기에 가장 좋은 장소.

좌의정 조선 시대에, 의정부에 속한 정1품 벼슬.

과거 옛날에 관리를 뽑을 때 치르던 시험.

진사 조선 시대에 과거의 예비 시험인 소과의 복시에 합격한 사람에게 준 칭호.

중종(1488~1544) 조선 제11대 왕으로, 연산군을 몰아내고 왕위에 오름.

훈구파 조선을 건국할 때와 조선 초기에 공을 세워 높은 벼슬을 한 사람들.

사림파 조선 초기에, 지방에서 조용히 지내며 학문 연구에 힘쓰던 사람들.

기묘사화 1519년 훈구파가 새롭게 등장한 사림파를 죽이거나 귀양 보낸 사건.

오죽헌 강원도 강릉시에 있는, 신사임당과 율곡 이이가 태어난 집이다.

있었습니다.

　　아버지를 닮았는지 신사임당은 어려서부터 뛰어난 재능을 보였습니다. 딸만 다섯을 둔 집안의 둘째로 태어난 신사임당의 이름은 인선이었습니다. 인선은 '높은 인격을 쌓아 세상에 널리 베풀어라'라는 뜻입니다.

　어린 인선은 이름의 뜻과 마찬가지로 총명하면서도 남을 배려하는 마음을 지닌 아이였습니다. 하나를 가르쳐 주면 열을 알았으며, 배우는 속도가 매우 빨라 아버지를 깜짝 놀라게 하는 일이 한두 번이 아니었습니다. 뿐만 아니라 자기가 잘난 것을 자랑하지 않고 언니와 동생들을 배려하는 마음씨까지 지녔습니다. 아버지와 어머니는 이런 인선을 특히 더 아끼고 예뻐했습니다.

'이 아이는 참으로 뛰어난 재능을 가졌어. 아들로 태어났으면 우리 조선의 큰 인물이 될 만한 재목인데, 딸로 태어난 것이 정말 안타깝구나. 그렇다고 이 아이의 재능을 썩힐 수는 없지. 비록 딸이지만 좋은 교육을 받게 해야겠다…….'

"인선아, 너는 총명하고 뛰어난 재능을 가진 아이란다. 너도 그것을 알고 있을 것이야. 네가 만약 아들로 태어났으면 이 조선의 큰 인물이 될 수 있을 텐데, 아버지는 그것이 참으로 안타깝구나. 하지만 인선아, 나는 네가 여자라는 이유로 공부하는 것까지 차별받는 것을 원하지 않는다. 비록 나중에 커서 나라에 공을 세우는 큰 인물은 될 수 없겠지만, 지금은 네 재능을 썩히지 말고 마음껏 하고 싶은 공부를 하길 바란다."

"예, 아버지. 저도 그러고 싶어요. 비록 저는 과거를 치르고 관직에 나갈 수는 없지만, 학문을 닦는 목적이 벼슬을 하려는 데만 있는 것은 아니잖아요. 저는 옛 선인들의 지혜를 배워 올바른 삶을 살고자 하는 것이 공부의 가장 큰 목적이라고 생각해요. 그래서 시간이 되는 한 마음껏 배우며 익히고 싶어요."

"그래, 그렇구나. 이 아비가 너보다 생각이 짧구나. 나는 네가 공부를 해도 쓸데가 없음을 걱정했는데, 너는 자기를 수양하는 것이 학문의 가장 큰 목적임을 내게 알려 주는구나. 기특하도다, 하하하…….”

인선은 아버지의 적극적인 후원 속에 마음껏 책을 읽고 그림을 그리며 자신의 재능을 키워 나갔습니다.

수양 몸과 마음을 갈고닦아 품성이나 지식, 도덕 등을 높은 수준으로 올림.

천재 소녀, 밤새 책과 씨름하다

아버지의 전폭적인 지지를 받게 된 인선은 자기가 읽고 싶은 책을 마음껏 읽을 수 있었습니다. 더군다나 아버지 신명화도 당대에 학식이 높은 선비여서 집에 많은 책을 가지고 있었습니다. 인선은 아버지의 서재에 있는 책들을 한 권 두 권 꺼내 읽으면서 시간을 보냈습니다.

그러나 아버지의 책은 그리 만만하지 않았습니다. 어려운 책들뿐이었습니다. 어린 인선이 아무리 똑똑하다 해도 어려운 책을 읽어 내기는 쉽지 않았습니다.

‘저 책들 속에는 어떤 내용이 있을까? 어려운 말이 너무 많아 읽기가 쉽지 않네.’

어느 날 인선은 아버지의 서재에서 책을 고르다 그 방대함에 기가 눌려 골똘히 생각에 잠겼습니다.

"인선아, 여기서 무슨 생각을 그렇게 골똘히 하고 있느냐?"

"아, 아버지. 사실 아버지 서재에 있는 책들을 읽고 싶은데 어려운 말이 많아서 이해하기가 쉽지 않아요. 저 책들 속에 무슨 내용이 있는지 알고 싶은데……."

"허허, 아비가 보기에는 네가 똑똑하긴 하지만 이 책들을 읽기에는 아직 좀 무리인 듯싶구나. 가만 보자. 인선이가 《천자문》과 《명심보감》, 《소학》까지 마쳤으니, 어떤 책을 읽으면 좋을까……. 그래, 《논어》를 읽어 보는 것이 어떨까? 《논어》는 유학의 기본이라 할 수 있는 사서삼경 중 하나로 공자 님의 말씀을 기록한 책이란다. 네가 읽기에는 조금 어려울 수도 있는데, 그럴 때마다 아비한테 물어보렴. 가르쳐 줄 테니."

"예, 고맙습니다!"

인선은 아버지의 허락 아래 마음껏 책을 읽을 수 있었습니다. 공부가 하고 싶은 어린 인선에게 도움을 주겠다는 아버지의 말은 큰 힘이 되었습니다. 그 뒤로 인선은 더 열심히 책을 읽었습니다. 아버지 서재

《천자문》 중국 양나라 주흥사가 지은 책. 1000자로 이루어져 있음.

《명심보감》 고려 충렬왕 때 중국 고전의 훌륭한 말이나 글 가운데 163항목을 가려 뽑아 어린이들의 인격 수양을 위해 엮은 책.

《소학》 중국 송나라의 유자징이 주희의 가르침을 쉽게 풀어 설명한 책.

사서삼경 사서와 삼경을 아울러 이르는 말. 사서는 《논어》, 《맹자》, 《중용》, 《대학》을 가리키고, 삼경은 《시경》, 《서경》, 《주역》을 이름.

공자(기원전 551~기원전 479) 중국 춘추 시대의 사상가이자 학자. 인을 정치와 윤리의 이상으로 여겼으며, 덕으로 나라를 다스려야 한다고 주장함.

에서 밤늦도록 책에 빠져 있다가 어머니에게 꾸지람을 듣고서야 잠자리에 든 적도 한두 번이 아니었습니다.

그러던 어느 날이었습니다. 아버지는 그날도 저녁 늦게까지 책에 빠져 있는 인선을 억지로 재운 뒤 잠자리에 들었습니다.

다음 날 새벽, 일찍 일어나 바람을 쐬러 나온 아버지 신명화는 서재 부근에서 나는 인기척에 깜짝 놀랐습니다.

'이 새벽에 누구지? 혹시 도둑이 든 건 아닐까?'

잔뜩 긴장한 신명화는 서재 쪽으로 다가가 살그머니 문을 열어 보았습니다. 그런데 그곳에서 어린 인선이 책을 읽고 있는 것이 아니겠습니까!

신명화는 깜짝 놀라 소리쳤습니다.

"아이고, 인선아! 이 새벽에 여기서 무얼 하고 있느냐?"

"앗, 아버지……. 죄, 죄송해요. 어제 읽다 만 책의 내용이 궁금해서 잠이 오질 않았어요. 그래서 그만……."

"그래도 그렇지. 너무 무리하지 말고 쉬엄쉬엄 읽어라. 바람이 차다. 어서 들어가 자려무나."

어린 인선의 눈에 눈물이 그렁그렁 고였습니다.

신명화는 어린 딸의 지칠 줄 모르는 공부 욕심이 대견하기도 했지만, 한편으로는 안쓰럽고 걱정되기도 했습니다.

안견의 그림을 따라 그리다

어머니와 아버지는 총명하고 무엇 하나 흠잡을 데 없는 똘똘한 인선이 대견스러웠지만, 한편으로는 어린 나이에 책만 너무 열심히 읽는 딸이 걱정되었습니다. 그래서 딸의 관심을 다른 쪽으로 돌려 보려고 궁리를 했습니다.

"인선아, 아비는 네가 글공부를 열심히 하는 모습이 참 보기 좋구나. 하지만 글공부에만 너무 빠져 있어 짐짓 걱정이 된다. 세상의 이치는 단순히 글공부만 열심히 한다고 해서 알 수 있는 것이 아니란다. 글공부도 좋지만, 자연도 보고 그림도 그리고, 자수도 익히는 것이 어떻겠느냐?"

"예, 아버지. 여러 가지 덕목을 더 배우고 익히겠습니다."

자수 옷감이나 헝겊 따위에 여러 색실로 그림, 글자, 무늬 등을 수놓는 일.

인선은 부모님의 말씀에 따라 그림과 자수를 익혔습니다. 어린아이라고 해도 여자이기 때문에 문밖 출입을 자유로이 할 수는 없었지만, 틈만 나면 뒤뜰에 나가 꽃과 풀, 벌레를 살펴보며 자연의 이치를 생각하기도 하고, 계절의 변화를 느끼기도 했습니다. 그 가운데 특별히 마음에 드는 것을 소재로 그림을 그리고, 비단에 수를 놓기도 했습니다. 인선은 그림과 자수에도 열심이었고 특별한 재능을 보였습니다.

그러던 어느 날, 신명화는 가까운 친구 집에 놀러 가 옛 그림들을 보게 되었습니다.

"이것 보게나. 이 작품이 조선 초기 최고의 작가이던 현동자 안견의 산수화˚라네. 정말 대단하지 않은가?"

"아, 말로만 듣던 이 귀한 작품을……. 정말 대단하군. 산이 마치 꿈틀꿈틀 살아 움직이는 것 같네. 그림의 배치도 훌륭하고, 산을 그린 이 선들도 대단해. 마치 빨려 들어갈 것 같아. 이보게, 내 이 그림을 며칠만 빌려 갈 수 있을까? 내 방에 앉아서 이 그림을 차근차근 감상해 보고 싶네. 우리 가족들에게도 보여 주고."

산수화 동양화에서, 산과 물이 어우러진 자연의 아름다움을 그린 그림.
화원 그림을 담당하도록 나라에서 설치한 기관.
타의 추종 다른 사람이 따라올 수 있는 수준.
불허 받아들이거나 허락하지 않음.

"그렇게 하게나. 하지만 조심해서 다뤄야 하네. 아주 귀한 보물이니까 말이야."

신명화는 집으로 돌아와 온 가족을 불러 모은 뒤 안견의 산수화를 펼쳤습니다.

"이 그림은 조선 초기 대화가로 꼽히는 안견의 작품이다. 안견은 세종 때 활동한 사람으로, 조선 시대 궁중의 화원˚ 화가였단다. 그런데 그 기량이 매우 출중하여 타의 추종˚을 불허˚할 정도였지. 안견의 그림을 보고 저 명나라에서 온 사신들조차 감탄해 마지않을

'몽유도원도' 조선 시대 화가 안견의 산수화로, 안평 대군이 꿈에 도원에서 노는 광경을 말하여 그리게 한 것이다.

정도로 그 실력이 대단했단다. 안견이 남긴 작품 중에는 안평 대군의 꿈을 그림으로 그린 '몽유도원도'도 있지. 안평 대군이 무릉도원으로 가는 꿈을 꾸고 나서 그 꿈 내용을 안견에게 말해 주고 그리게 했는데, 그 그림이 너무나 생생해 안평 대군도 놀랄 정도였단다. 뿐만 아니라 그림을 본 많은 사람이 대단히 놀라면서, 그림을 극찬하는 시와 문장을 남기기도 했지."

"……."

안평 대군(1418~1453) 세종의 셋째 아들로, 시와 그림에 뛰어났음.
무릉도원 신선이 살았다는 전설인 중국의 명승지.

"얘들아, 어떠냐? 그림이 대단하지 않으냐?"

그림을 본 아이들은 좋다고 생각은 했지만 그리 크게 마음에 두지 않았습니다. 그러나 어린 인선은 달랐습니다.

"아버지, 정말 대단하네요. 너무나 신비로워요. 산

과 물의 아름다운 광경이 우리 마음속에 있는 가장 이상적인 자연 같네요. 그리고 이 선 좀 보세요. 꿈틀꿈틀하는 것이 마치 살아서 움직이는 것 같아요!"

'어허, 어린 녀석이 이처럼 자세하게 그림을 보다니. 이상 속의 자연을 그리는 산수화의 본질을 꿰뚫고 있어. 또 웬만큼 그림을 보지 않으면 알 수 없는 선의 움직임까지 파악하고 있구나!'

신명화는 아직 일곱 살밖에 안 된 어린 인선의 입에서 그런 말이 나오자 깜짝 놀랐습니다. 그 자리에서 칭찬해 주고 싶었지만 다른 아이들이 있어 꾹 참았습니다. 안 그래도 너무 뛰어난 인선에게 자기도 모르게 마음이 가서 다른 자식들에게 미안하던 참이었습니다. 신명화는 얼른 말을 돌렸습니다.

"자, 이제 늦었으니 다들 자자. 내일 아침 일찍 일어나야지."

다음 날 신명화는 밖에 일이 있어 외출을 하게 되었습니다. 집에 있던 인선은 어제 본 그림이 잊혀지지 않았습니다.

'안견이 그린 그 그림을 좀 더 보고 싶은데……. 그림이 서재에 있으니 잠깐 가서 보고 제자리에 놓으면 되겠지?'

인선은 몰래 아버지의 서재로 들어가 그림을 펼쳐 보았습니다. 두 번째 보는 것이지만 그 감동은 여전했습니다. 아니, 볼수록 더 놀라웠습니다.

'정말 잘 그렸다. 어떻게 이렇게 그릴 수가 있을까? 이 작품을 곁에 두고 때때로 보고 싶은데……. 아, 그렇지! 이 그림을 그대로 베끼면 되겠구나!'

인선은 아버지가 쓰는 붓과 종이, 먹을 준비하고 안견의 그림을 베끼기 시작했습니다. 그러나 안견의 작품은 워낙 기교가 뛰어나서 일곱 살짜리 어린아이가 따라 그리기에는 결코 만만한 일이 아니었습니다. 인선은 땀을 뻘뻘 흘리며 그림을 그리느라 시간이 가는 줄도 몰랐습니다.

어느덧 저녁 어스름이 깔려 오고 신명화가 돌아왔습니다. 서재에 들어선 신명화는 깜짝 놀랐습니다. 인선이 귀한 안견의 그림을 펼쳐 놓고 그림을 그리고 있었던 것입니다.

"인선아! 어떻게 허락도 없이 함부로 그림을 꺼내 놓았느냐! 그 그림이 얼마나 귀중한 보물인지 모르는 게냐! 잘못하다 그림이 상하기라도 하면 어찌하려고 감히 이런 짓을 했느냐!"

"아, 아버지…… 죄송해요. 어제 본 안견의 그림이 너무 좋아 잊혀지지 않아서 두고두고 볼 요량으로 그걸 잠깐만 꺼내 베껴 그리려고 했는데, 너무 어려워서 그만……. 잘못했습니다, 아버지. 정말 잘못했어요."

> **기교** 어떤 일을 하는 기술이나 솜씨.
> **요량** 일의 형편이나 사정을 헤아려 어떻게 하리라고 생각하는 것.

"아무리 그래도 그렇지! 이건 아버지가 친구에게 빌려 온 아주 귀한 그림이어서 더더욱 함부로 다루면 안 된다고 이야기했거늘, 으흠……."

어린 인선은 당황한 나머지 그만 엉엉 울기 시작했습니다. 신명화는 딸을 혼내다가 문득 인선이 그린 그림을 보았습니다. 그림을 본 신명화는 깜짝 놀라 그 자리에 주저앉을 수밖에 없었습니다. 그림 속의 산수화가 안견이 그린 산수화와 맞먹을 정도로 대단했기 때문입니다.

'음, 이럴 수가!'

일곱 살짜리 어린애가 베낀 것이라고는 전혀 생각할 수 없을 정도로 그림 전체에 생동감이 넘쳤습니다. 물론 자기의 허락 없이 귀중한 그림을 마음대로 만진 것에 대해 크게 혼을 냈지만, 신명화는 혼을 내면서도 어린 인선의 영특함에 마음이 즐거웠습니다.

거문고 소리에 눈물을 흘리다

어머니와 아버지의 가르침과 천부적인 소질, 그리고 꾸준히 노력하는 의지 덕분에 어린 인선의 총명함은 날로 더해 갔습니다. 특히 글공부와 더불어 배우게 된 그림과 자수에도 뛰어난 재능을 보였습

거문고 고구려의 음악가 왕산악이 만든 우리나라의 전통 악기다.

니다. 인선은 글공부뿐만 아니라 예술적인 감수성도 뛰어난 아이였기 때문입니다.

그뿐만이 아니었습니다. 어린 인선은 음악도 무척 좋아했습니다. 아버지 신명화가 학식이 높은 데다 집안도 넉넉했기에 집을 드나드는 사람들이 많았습니다. 그들 중에는 악기를 잘 다루는 사람도 있었는데, 그런 사람들이 올 때면 가족들은 거문고 연주를 즐겨 들었습니다.

거문고는 다른 악기와 달리 소리가 깊고 웅장해서 예로부터 '모든 악기 중 으뜸'이라 평가받는 악기입니다. 그래서 거문고는 선비나 학식이 높은 사람들이 즐겨 들었습니다. 신명화도 거문고를 무척 좋아했는데, 어린 인선도 이 악기를 매우 좋아했습니다.

'거문고 소리가 웅장하면서도 서글프구나. 줄 몇 개로 이루어진 악기인데, 어찌 이리도 아름다운 소리를 내는지……. 울고 웃고, 슬프고 즐겁고 하는 것이 마치 사람의 삶이랑 닮아 있는 것 같네.'

인선은 집 안에서 거문고 소리가 들려올 때마다 마루에 나와 앉아 눈을 감고 감상했습니다. 특히 달이 밝은 밤에는 물 위에 비친 달과 더불어 들려오는 구슬픈 거문고 소리에 취해, 혼자 눈물을 지었습니다.

학식이 높고 예술적 소양을 두루 갖춘 선비들이 좋아하는 거문고를 어린아이가 이토록 깊이 빠져 즐긴다는 것은 보통 대단한 일이 아닙니다. 어린 인선은 그처럼 깊은 예술적 감수성을 타고난 아이였습니다.

인선의 이러한 예술적 감수성은 나이가 들어서도 계속되었습니다. 이는 율곡 이이가 어머니 신사임당을 회상하며 쓴 글에도 잘 나타나 있습니다.

> **소양** 평소에 닦아 놓은 학문이나 지식, 교양 등을 일컫는 말.

어느 날 친척 되는 분이 데리고 있던 종이 와서 거문고를 탄 적이 있지. 달밤에 쓸쓸히 울리는 거문고 소리가 어찌나 애달프던지 어머니는 눈물을 보이셨네. 달밤 아래 밤새 눈물을 지으시는 어머니 모습을 뵈니 나를 비롯해 주변의 사람들이 어찌나 슬프던지. 거문고의 가락을 제대로 알지 못하는 어린 나까지 눈물이 날 정도였네.

신사임당의 거문고에 대한 사랑은 아들의 교육에도 이어집니다. 어머니를 닮아 예술적 재능이 뛰어난 넷째 아들 이우는 어머니를 통해 거문고의 매력을 알게 되어 깊이 빠지게 되었으며, 나중에는 당대 최고의 거문고 연주가가 되기도 했습니다.

생각쟁이 열린마당

문화재 보존의 이유

　인류는 그동안 수많은 문화유산을 남겼다. 인류가 창조해 낸 여러 유산은 현재 우리가 살아가는 삶의 바탕과 중심이 되었으며, 우리의 삶을 더욱 풍요롭게 해 주고 있다.

　그러나 선조들의 문화유산은 지금 이 순간에도 상처 입거나 심지어 파괴되고 있다. 2008년에 일어난 국보 제1호 숭례문 화재 사건과 같이 나라를 대표하는 수많은 문화재가 불타 사라지기도 했으며, 개발이라는 이유로 많은 유물이 파괴되기도 한다.

　문화유산이 손상되는 경우는 여러 가지가 있다. 우선, 자연재해나 인간의 실수, 무지로 인한 경우다. 2005년 산불로 인해 강원도 낙산사의 동종이 녹아내린 것이 여기에 해당된다. 누군가가 설악산 등산 중에 실수로 불을 냈고, 그 불길이 결국 낙산사 동종을 삼켜 버린 것이다.

　실수로 인한 문화재의 소실은 비단 우리나라에만 있는 일은 아니다. 세계적으로도 이처럼 사라진 문화재가 상당히 많다. 1993년 스위스 루체른

43

에서는 스위스의 명물인 샤펠 다리가 불길에 휩싸여 다 타버렸다. 또한 1992년 영국에서는 영국 왕실의 대표적인 궁전 윈저 궁이 벽화 복원 작업 중에 화재로 소실되기도 했다.

　문화재의 파괴는 실수에 의해서만 이루어지는 것이 아니다. 2001년 3월 2일, 전 세계가 경악할 일이 일어났다. 당시 아프가니스탄을 지배하던 탈레반 세력이 자신들과 종교적 이념이 다르다는 이유로 세계 최고의 불상이

자 고대 그리스와 동양의 문화가 융합된 최고의 성지이던 바미안 대불을 폭파시킨 것이다.

 이처럼 정치적·종교적 의견이 다르다는 이유로 문화재를 파괴하는 행위를 일컬어 '반달리즘'이라고 한다. 옛날 로마를 점령한 반달족이 로마 제국의 건물과 기념비를 파괴한 일에서 유래한 말이다.

 이러한 행위는 오랜 역사를 거치면서 수도 없이 있어 왔으며 현재에도 일어나고 있다. 불상에 기독교 십자가 낙서를 하거나 불상의 머리를 자르는 문화재 훼손 행위가 지금도 암암리에 일어나고 있는 것이다. 2008년에 발생한 숭례문 화재 역시 국가에 대해 불만을 가지고 있던 사람이 의도적으로 범행을 저질렀다는 점에서 '반달리즘'에 해당된다고 하겠다.

 그러나 결국 문화재가 파괴되면 피해받는 사람들은 바로 우리 자신이다. 누군가의 실수건 의도된 행위이건 한번 파괴된 문화유산은 다시 살아나지 않는다.

 문화재는 단순히 전해 내려오는 물건이 아니다. 각각의 유물에는 그 시대를 살던 사람들의 이야기가 담겨 있다. 지금도 많은 학자가 옛 유물을 연구하며 우리의 역사를 더욱 풍요롭게 하고자 노력하고 있다. 따라서 문화재는 소중하게 생각하고 보호해야 한다. 우리 조상들의 정신과 얼이 담겨 있는 소중한 보물이기 때문이다.

새로운
결혼 문화를 외치다!

사임당이라는 당호

　인선은 자라면서 더욱 똑똑하고 조신한 요조숙녀가 되었습니다. 인선의 행실은 해가 갈수록 더욱 조신해졌고, 품위가 있었으며, 학문의 깊이와 예술적 재능도 깊어져 갔습니다. 아버지와 어머니는 어린 인선이 잘 자라는 모습이 참으로 기특했습니다. 인선의 부모는 이제 인선을 품속의 어린아이가 아니라 어엿한 여성으로서 대우해 주어야겠다고 생각했습니다.

　"인선아, 이리 잠깐 오너라."

　"예."

　"이제 네 나이도 어느덧 열세 살이 되었구나. 이제 너는 아비와 어미의 자식이 아니라 한 여자로서 살아가야 한다. 인선이라는 이름을 버리고 새로운 당호를 지어야 할 때가 온 것 같은데, 혹시 마음속에 생각해 놓은 것이 있느냐?"

"아직 없습니다."

"그래, 천천히 생각하면서 짓도록 해라. 나나 네 어머니가 지어 줄 수도 있지만, 앞으로 네가 평생을 가지고 갈 이름이니 네 선택을 믿고 맡기겠다. 잘 생각하고 지어 보도록 해라."

"예, 아버지."

조신 몸가짐이 조심스럽고 얌전함.
요조숙녀 말과 행동이 품위가 있으며 얌전하고 단정한 여자.

당호는 원래 집의 이름을 말하는 것입니다. 그런데 조선 시대에는 양반집 부녀자들도 당호를 지었습니다. 유교 국가인 조선에서는 여성은 어린 시절에만 이름을 붙여 주었고, 나이가 들어서는 이름을 붙이지 않았습니다. 다만 성 앞에 본관을 따서 전주 이씨, 김해 김씨 등으로 불렀지요. 이렇게 성이라도 불릴 수 있는 사람은 그래도 양반들이었고, 일반 백성들은 개똥이 엄마, 철수 엄마 등으로 불렸답니다.

그래서 지체 높은 집안 여성들은 이름 대신 당호를 지어서 불렀답니다. 여성은 주로 집에 있는 사람이기 때문에 집 이름을 자기 이름으로 대신한 것이지요. 그런 까닭에 여성들의 이름을 보면 대개 이름은 알 수 없고 성씨나 당호만 남아 있는 경우가 많습니다.

인선은 어떤 당호를 지을까 곰곰이 생각했습니다. 그러나 특별히 마음에 드는 것을 찾기가 힘들었습니다. 인선은 당호를 자기가 추구하는 목표를 의미하는 것으로 짓고 싶었습니다. 당호는 평생을 따라다니는 것이기에 허투루 지었다간 크게 후회할 것 같았습니다. 인선은 깊은 고민에 빠졌습니다.

'당호를 어떻게 지으면 좋을까? 내 삶의 목표에 어울리는 것으로 지어야 할 텐데……. 내 삶의 목표는 뭐지? 나중에 아이를 낳게 되면 훌륭한 어머니가 되고 싶기도 하고, 예술이나 학문에 뛰어난 사람도 되고 싶은데…….'

인선의 고민은 날이 갈수록 깊어졌습니다. 그러던 어느 날 아버지의 서재에서 중국의 역사책을 읽던 인선의 눈이 번쩍 떠졌습니다. 인선은 중국 고대 주나라의 문왕에 대한 이야기를 읽고 있었습니다. 그런데 막상 인선의 눈길을 끈 것은 문왕이 아니라 문왕의 어머니인 태임이었습니다.

태임은 태교를 실천한 세계 최초의 여성이었습니다. 문왕을 임신했을 때 태임은 태교의 가장 기본이라 할 수 있는 세 가지, 즉 나쁜 것을 보지 않고, 좋지 않은 말을 듣지 않으며, 좋은 말만 하는 정성을 들였

태교 아이를 임신한 여자가 태아에게 좋은 영향을 주기 위해 정신적인 안정과 수양을 도모하고, 마음을 바르게 하며 말과 행동을 조심하는 일을 뜻함.

습니다. 또한 학식이 높아서 자식을 직접 가르쳤습니다. 문왕이 중국 역사상 최고의 어진 임금으로 이름을 날린 것도 모두 태임의 영향 덕분이었습니다. 그래서 중국에서는 역사상 가장 뛰어난 여성이자 어머니로 꼽는 사람이 바로 태임입니다.

'그래, 결정했어! 나는 태임을 본받을 거야. 태임처럼 똑똑한 아이를 낳아 잘 가르쳐서 큰 인물을 만들어야지. 또 학문과 예술을 열심히 익혀 우리나라 최고의 여성이 되는 거야, 태임처럼!'

사임당. 인선이 지은 당호입니다. 본받을 '사' 자에 태임의 '임'을 써서 태임을 본받자는 뜻으로 지었습니다. 신이 난 인선은 그 길로 부모님에게 달려갔습니다.

"어머니, 아버지! 드디어 정했어요. 제 당호를 사임당으로 지었어요! 본받을 '사' 자에 주나라 문왕의 어머니인 태임의 '임' 자를 써서요."

"오, 태임을 본받겠다고? 그래, 잘 지었구나. 우리 인선이, 아니 사임당도 태임을 본받아 학식이 높고 현명하며, 마음씨 착한 부인이 되길 바란다. 또 주나라 문왕과 같은 나라의 큰 인물도 낳고. 하하하!"

아버지 신명화와 어머니 용인 이씨는 딸의 결정을 찬성했습니다. 단순히 현모양처뿐만 아니라 중국, 아니 당시 세계 최고의 어머니이자 여성으로 평가받는 태임을 닮겠다는 당찬 각오가 기특했기 때문입니다. 그때부터 인선은 사임당으로 불리며 제2의 인생을 살게 되었습니다.

총명한 여인의 결혼 상대자는?

사임당은 당호에 걸맞게 훌륭한 인품을 갖추며 잘 자랐습니다. 태임을 본받기 위해 가뜩이나 열심히 하던 글공부에도 더욱 열을 올렸고, 잠시 숨을 돌릴 때는 그림을 그려 자신의 재능을 더욱 키워 나갔습니다.

시간이 지날수록 사임당의 총명함은 더해 갔고, 예술적 재능은 빛을 발했습니다. 신사임당의 이름은 동네는 물론 인근 지역에까지 널리 퍼지게 되었습니다.

어느덧 혼기에 이른 똑똑하고 총명한 사임당을 중매°하려는 사람이 많아졌습니다. 신명화의 집인 오죽헌에는 하루에도 몇 번씩 중신아비°들이 와서 중매를 하고자 했습니다.

"어르신, 저희 집안에 둘째 따님을 시집보내시죠. 저희 집안은 조선 전체에서 최고의 집안으로 꼽힐

중매 결혼이 이루어지도록 중간에서 소개하는 일.
중신아비 남의 결혼을 중간에서 연결하는 남자를 낮추어 이르는 말.

만합니다. 5대조 할아버지가 영의정을 지내셨고, 3대조 할아버지는 우의정을 지내셨으며…….”
"저, 잠깐. 이보게, 뜻은 고맙지만 잠깐 생각할 시간을 주겠나? 우리 아이 의견도 물어봐야 하고, 아직 나도 마음의 결정을 못 내려서 말이지…….”

영의정 조선 시대 의정부의 으뜸 벼슬. 우의정, 좌의정과 함께 3의정이라 함.
우의정 조선 시대 의정부의 정1품 벼슬.

신명화는 사임당의 결혼에 대해 깊은 고민에 빠졌습니다. 신명화의 집안은 고려와 조선을 통틀어 명문가 중 명문가로 알려져 있었습니다. 게다가 사임당은 총명하고, 예술적 재능이 뛰어나며, 인품을 갖춘 최고의 신붓감이었습니다. 그렇기에 신명화의 집에 중매가 들어오는 사람은 조선에서도 내로라하는 이름난 집안이 대부분이었습니다.

그러나 신명화의 고민은 다른 데 있었습니다. 바로 사임당의 남다르게 뛰어난 재주 때문이었습니다. 신명화는 똑똑한 둘째 딸이 결혼과 동시에 재주를 썩힐까 봐 걱정이 되었습니다. 그래서 사임당의 재주를 알아보고 재능을 마음껏 펼칠 수 있도록 배려해 줄 수 있는 사람을 남편감으로 정해야겠다고 생각했습니다. 비록 조선 최고의 명문가는 아니더라도, 재산이 그리 많지 않더라도 사임당의 재능을 이해하고 격려해 주는 집으로 시집을 보내고 싶었던 것입니다. 그러다 보니 선택이 쉽지 않았습니다. 시간은 계속 흘러가 어느덧 사임당은 열아홉 살이 되었습니다.

당시 여자 나이 열아홉은 결혼하기에 매우 늦은 나이였습니다. 조선 초기에는 여자들이 열세 살부터 열다섯 살 사이에 결혼하는 풍습이 있었습니다. 이 풍습이 시작된 것은 고려 시대였습니다.

몽골의 침입을 받은 고려에서는 해마다 수많은 공물을 몽골에 바쳐야 했는데, 그 공물 가운데에는 결혼을 하지 않은 여자도 있었습니다. 그러다 보니 고려의 수많은 처녀가 몽골로 강제로 끌려가야 했지요. 그래서 고려 사람들은 딸들을 열 살, 열한 살만 되어도 시집을 보냈습니다.

공물 힘이 약한 나라가 강한 나라에 일정한 기간마다 바치는 물품.

물론 조선 시대에 들어와서 그런 일은 사라졌지만, 자식들을 일찍 결혼시키는 풍습은 여전히 남아 있었습니다. 신사임당이 살던 당시에도 열다섯 살 이전에 결혼을 시키는 것이 흔한 일이었습니다.

그러니 이처럼 나무랄 데 없는 신붓감인 신사임당이 열아홉 살까지 시집을 가지 못한 것은 의외였습니다. 동네 사람들은 물론 다른 지역에서 온 중신아비들까지 그 이유를 궁금해했습니다.

"신 진사 댁 둘째 따님 있잖아. 얼굴도 그만하면 예쁘고, 행실도 매우 뛰어난 데다 총명하고 그림과 자수까지 잘하는데, 왜 지금껏 시집을 가지 못했을까?"

"그러게 말이야. 그런데 조선 최고의 명문가에서 혼담이 들어와도 신 진사가 내친다나 봐. 얼마 전에는 좌의정 댁 둘째 아드님도 마다했다지 뭔가. 참 그 속을 모를 일이야, 모를 일이지."

신명화도 주변 사람들의 쑥덕거림을 모를 리 없었습니다. 그러나 사임당과 어울리는 짝을 찾는 일이 결코 쉽지 않았습니다. 그러던 어느 날, 몸에 이상이 생겨 신명화는 자리에 눕게 되었습니다.

어느 날 오후, 집 앞에 초라한 행색의 할머니가 쭈뼛거리며 서성였습니다.

"무슨 일이신가?"

"다, 다름이 아니오라 혼처˚가 있어 왔는데……"

"그럼 말해 보지 왜 그렇게 서성이고 있소?"

"그, 그게 여기 와서 보니 신 진사 댁하고는 맞지 않는 것 같아서……"

"그래도 이왕 왔으니 어디 이야기나 들어 봅시다."

노파가 들고 온 신랑감은 바로 이원수였습니다. 노파는 단순히 신명화 집안이 진사 댁인 줄 알고 혼처를 넣으려 온 것이었습니다. 그런데 알고 보니 집도 부자요, 딸도 매우 훌륭한 규수˚였던 것입니다.

사실 이원수는 그리 좋은 조건의 신랑감이 아니었습니다. 이원수의 집안은 덕수 이씨로 당대 명문가 중 하나였으나, 아버지가 일찍

> **혼처** 결혼하기에 적당한 집안이나 상대.
> **규수** 남의 집 처녀를 정중하게 이르는 말. 학문과 재주가 뛰어난 여자를 뜻하기도 함.

돌아가시는 바람에 이원수는 홀어머니 밑에서 자랐으며 형제도 없었습니다. 더군다나 아버지가 돌아가신 뒤로 가세가 기울어 집안도 그리 넉넉한 편이 아니었습니다. 그래서 스물두 살이 되도록 장가를 가지 못한 것입니다.

주변 사람들은 그 혼처를 모두 반대했습니다. 그러나 신명화의 생각은 달랐습니다. 사임당이 너무 좋은 집안으로 시집을 가면 그곳 예법에 따라 일생을 남편 뒷바라지만 하면서 재능을 꽃피우지 못하고 살 것이 뻔했기 때문입니다. 따라서 비록 대단한 집안이 아니더라도 사임당의 재능을 아끼고 지원해 줄 사람이라면 괜찮다고 생각했습니다. 그래서 신명화는 아픈 몸임에도 이원수를 만나 보기로 했습니다.

"자네도 알다시피 우리 둘째 딸 사임당은 여러모로 재능이 많은 아이라네. 나는 어릴 때부터 그 아이의 재능을 사랑하고 더욱 북돋워 주었네. 비록 여자이지만, 내가 아는 그 누구보다도 똑똑하고 예술적인 재능이 많은 아이일세. 그래서 말인데……."

"예, 저도 소문을 들어서 잘 알고 있습니다."

"사실 나는 사임당이 결혼한 뒤에도 그 재능을 썩히게 하고 싶지 않네. 계속 꽃피울 수 있었으면 좋겠어. 하지만 그러기 위해서는 자네도 알다시피 남편의 깊은 이해와 지지가 필요할 터인데, 자네가 그 역할을 해 줄 수 있겠나?"

"물론입니다. 비록 제가 재주가 없어 계속 과거에 낙방하고 지금껏 공부만 해 오고 있으나, 재주가 있는 사람의 재능을 꽃피우지 못하게 막는 것은 안 된다고 생각합니다. 비록 여자이기는 하나 제가 배울 점이 많은 사람으로 생각됩니다. 또한 결혼을 하면 자식을 낳을 텐데, 자식에게도 훌륭한 어머니가 얼마나 본이 되는지 잘 알고 있습니다. 그런 걱정은 하지 않으셔도 될 듯합니다."

이원수의 당찬 말에 신명화의 걱정은 눈 녹듯 사라졌습니다. 비록 재주가 뛰어나지 않고 집안도 좋은 형편은 아니지만, 사임당의 재능을 더욱 북돋워 줄 사람으로 생각되었습니다. 그 정도로 의식이 깬 사람이라면 사임당의 미래를 걱정하지 않아도 될 것 같았습니다. 그리하여 1522년 가을 어느 날 이원수와 신사임당은 결혼을 하게 되었습니다.

결혼한 뒤에도 어머니를 모시다

신명화의 둘째 딸이 결혼을 하게 된다는 소문은 금세 사방으로 퍼졌습니다. 사람들은 신명화가 그렇게 아끼던 딸이 도대체 누구와 결혼하게 되는지 무척 궁금했습니다. 그래서 결혼식을 하는 날 동네방

네에서 사람들이 구름처럼 모여들었습니다.

"신 진사 댁 둘째 딸이 드디어 결혼을 하게 되었대!"

"그래, 신 진사가 그토록 아끼던 딸을 드디어 시집보내는구먼. 그런데 상대는 누구래?"

"그게 글쎄, 지금껏 혼담이 오간 데 중에서 가장 별로라지 뭔가. 덕수 이씨라서 명문가이긴 한데, 홀어머니에 외아들이라더구먼. 집도 그리 잘살지 못하고 말이야."

"그래? 그런데 왜 신 진사는 그런 사람에게 그 귀한 딸을 시집보낼까? 혹 몸이 아파서 노망이 난 거 아냐?"

사람들은 수군대며 결혼식을 구경했습니다. 그러나 신명화는 그런 말을 듣고도 모른 척했습니다.

신명화는 이원수와 결혼을 시키기 전 사임당에게 미리 이야기를 해 놓았습니다.

"혹 너도 왜 다른 많은 명문가를 두고 여기로 시집보내는지 궁금하느냐?"

"아닙니다. 다른 사람이 뭐라 해도 저는 아버지의 깊은 뜻을 잘 알고 있습니다. 아버지께서 제가 결혼한 뒤에도 예법에만 얽매이지 않고 마음껏 공부하고 그림을 그릴 수 있게 하기 위해 고른 혼처 아니겠습니까? 저는 오히려 아버지께 감사하고 있습니다."

"그래, 네 말이 맞다. 이원수는 비록 출중한 재능을 가진 인물은 아니지만, 만나 보니 너를 배려하고자 하는 마음이 확고하더구나. 너는 비록 시집을 가서 이씨 집안의 사람이 되겠지만, 그 집안에서도 많은 도움을 받게 될 것이다. 그러니 시집간다고 해서 공부를 그치지 말고 더욱더 네 재능을 갈고닦으려무나. 알겠느냐?"

"예, 아버지. 부디 오래오래 건강하세요."

사임당은 자신을 위해 애써 주신 아버지의 마음에 코끝이 찡해졌습니다. 그러나 한편으로는 최근 들어 몸이 많이 허약해진 아버지의 건강도 염려가 되었습니다.

'우리 집은 딸만 다섯이고, 다들 시집을 가서 부모님을 모실 사람이 아무도 없는데 어떡하지? 부디 아버지가 건강을 빨리 되찾으셔야 할 텐데……'

그러나 사임당의 걱정에도 그해 겨울 아버지는 결국 세상을 떠나고 말았습니다. 사임당이 이원수와 결혼한 지 불과 3개월만의 일이었습니다.

당시에는 결혼식을 신부 집에서 했고, 결혼한 뒤 얼마 동안 처가에 사는 풍습이 있었습니다. 이원수의 집은 한양인데 교통이 불편하던 당시 한겨울에 대관령을 넘을 수가 없었습니다. 그래서 처가살이를 좀 더 하고 있었습니다.

신명화는 죽기 전 마지막으로 이원수를 불렀습니다. 사랑하는 딸을 위해 부탁의 말을 하기 위해서였습니다.

"여보게, 이 서방. 내 몸을 보아하니 앞으로 오래 살지 못할 듯싶네. 그런데 한 가지 걱정이 있네. 자네도 알다시피 우리 집에는 아들이 없지 않은가. 내가 죽으면 내 아내는 혼자 살아야 할 형편이네. 몸도 약한 아내가 외롭게 살다가 혹 안 좋은 일이라도 생기면 어떡하나 걱정이 되어 눈을 감을 수가 없네. 그래서 말인데……."

"장인어른, 무슨 말씀인지 알겠습니다. 장인어른과 장모님께서 가장 아끼시는 자식이 바로 제 아내임을 저도 잘 알고 있습니다. 만약 장인어른이 잘못되시더라도 아내가 이곳에 남아 장모님의 수발을 들게 하겠습니다. 한양 본가 어머님께 제가 잘 말씀드릴 테니, 걱정하지 말고 어서 건강을 되찾을 생각이나 하십시오."

수발 가까이에 있으면서 여러 가지 시중을 들고 돌보아 줌.

"고맙네."

그리고 얼마 뒤 신명화는 세상을 떠났습니다. 사임당은 하늘이 무너진 듯 큰 슬픔에 잠겼습니다.

"아버님! 어찌 이리 빨리 가셨습니까? 흑흑……."

사임당은 자신을 그토록 아끼던 아버지의 죽음이 믿어지지 않았습니다. 어린 시절부터 든든한 후원자였으며 자신의 재능을 아끼고

사랑하던, 드넓은 바다와 같던 아버지를 잃었다고 생각하니 하늘이 무너지는 것만 같았습니다.

사임당은 아버지의 장례를 치른 뒤 어머니의 수발을 들기 위해 강릉에 머무르게 되었습니다. 자기를 특히 아끼던 아버지의 죽음은 사임당에게는 큰 충격이자 슬픔이었습니다. 그러나 결혼을 하고도 강릉에 남아 어머니를 모시며 마음껏 글공부를 하고 그림을 그릴 수 있어 사임당의 재능은 활짝 피어나게 되었습니다.

남편을 학문의 길로 나아가게 하다

신사임당과 이원수는 결혼을 하고 나서 겨울 동안 강릉에서 신혼을 보냈습니다. 당차고 현명한 신사임당은 남편의 지원 아래 홀로 되신 어머니를 모시는 한편, 돌아가신 아버지를 대신해 집안일을 돌봤습니다. 그러는 와중에도 시간이 날 때마다 자기가 좋아하는 글공부와 그림, 자수를 하며 시간을 보냈지요.

만물이 깨어나고 종달새가 하늘 높이 지저귀는 봄, 이원수는 한양에서 홀로 자기를 기다리고 있는 어머니에게 갈 수밖에 없었습니다. 그러나 신사임당은 아버지의 삼년상*을 마치지도 않았고, 아버지가 돌아가

삼년상 부모가 돌아가신 뒤 3년 동안 상복을 입고 지내는 일.

신 뒤로 어수선한 집안일도 마무리가 되지 않은 상황이라 같이 갈 수가 없었습니다.

그런데 이원수는 어질고 행실이 바른 아내와 한창 신혼의 단꿈에 빠져 있던 터라 혼자서 한양으로 가기가 싫었습니다. 그래서 이런저런 핑계를 대며 계속 처가에 머무르려고 했습니다.

"서방님, 한양에 혼자 계신 어머니가 걱정되지 않으세요?"

"걱정되기는 하지만……. 그래도 당신을 두고 나 혼자 올라가기가 싫구려. 여기서 당신과 같이 있는 것이 좋아요. 또 여기는 조용하고 공기도 맑아 학문을 하면서 자연을 즐기기에도 참 좋은 곳이오, 그렇지 않소?"

"하지만 아직 아버지의 삼년상이 끝나지 않았고, 홀로 되신 어머니와 함께 집안일을 챙겨야 해서 제가 같이 올라갈 수 없다는 것을 아시잖아요. 더군다나 당신은 열심히 공부해서 과거를 준비해야 할 몸, 먼저 올라가서 어머님도 모시고 학업에도 정진하셔야지요."

"물론 당신 말이 맞긴 하지만……. 그래도 며칠 더 쉬면서 생각해 보면 안 되겠소?"

남편 이원수는 성품이 착해 사임당을 잘 위해 주는 사람이었지만, 결단력이 부족한 것이 흠이었습니다. 신사임당은 그런 이원수가 어서 마음을 잡고 한양으로 올라가 학업에 정진하기를 바랐습니다.

"남자는 학문을 닦아 세상에 꼭 필요한 사람이 되어야 합니다. 그런데 학문이란 것은 때가 있어 늦어지면 더욱 힘들어집니다. 그러니 부디 한양으로 가서 열심히 학업에 정진하시기 바랍니다. 10년을 보고 열심히 노력하십시오. 아니면 제가 여기 있는 3년 만이라도 저를 잊고 오로지 학문에만 힘써 좋은 결과를 보여 주십시오."

신사임당은 남편의 미래를 위해 단호하게 이야기했습니다.

이원수는 신사임당의 뜻을 꺾을 수 없음을 알고 한양으로 올라가기로 약속했습니다.

다음 날 이원수는 아침 일찍 한양으로 향했습니다. 마음은 신사임당과 함께 강릉에 있는데 억지로 올라가려 하니 차마 발걸음이 떨어지지 않았습니다. 그럭저럭 반나절을 가다 도저히 마음이 내키지 않아 발길을 돌렸습니다. 남편을 보내고 학업에 정진해 장차 훌륭한 인물이 되길 기도하고 있던 신사임당은 남편이 돌아오자 크게 실망했습니다.

"서방님, 이럴 수가 있습니까? 한양으로 가서 학업에 정진하겠다고 약조한 지 얼마나 되었다고 다시 돌아오십니까? 부디 마음을 바로잡고 한양으로 가십시오. 부탁드립니다."

"나도 가야 한다는 것을 아는데, 발이 쉬 떨어지지 않는구려. 부인, 여기서 당신과 함께 공부하면 안 되겠소?"

"안 됩니다. 그러면 한양에 계신 어머님은 누가 돌봅니까? 당신에게는 어머님을 봉양해야 할 책임이 있습니다. 그리고 한양은 여기보다 공부할 수 있는 여건이 훨씬 좋습니다. 그러니 부디 올라가 학업에 힘쓰시기 바랍니다."

그러나 그 뒤로도 이원수는 두 번이나 한양으로 향했다가 다시 돌아오기를 반복했습니다. 신사임당은 이원수의 나약함을 바로잡기 위해 결단을 내려야 했습니다.

이원수가 돌아온 날 저녁, 신사임당은 굳은 결심을 하고 방으로 들어갔습니다. 신사임당은 단호하게 말했습니다.

"대장부가 뜻을 세우고 학업에 정진하고자 했으면 그 뜻을 지켜야 하는 것이 도리인 줄 아옵니다. 그런데 세 번이나 연달아 돌아오시면 서방님밖에 믿을 사람이 없는 제게 무슨 희망이 있겠습니까? 서방님께서 계속 이러신다면 저는 속세와 인연을 끊고 산으로 들어가 중이 되겠습니다."

말을 마치기가 무섭게 신사임당은 머리를 풀더니 준비한 가위로 머리카락을 한 움큼 잡고 싹둑 잘라 버렸습니다.

"아니! 부인, 이 무슨 짓이오?"

이원수는 너무나 놀라 허겁지겁 신사임당의 손에 들린 가위를 빼앗았습니다.

"알겠소, 알겠소! 부인, 제발 고정하시오. 이게 다 내가 나약한 탓이오. 당신의 굳은 마음을 알았으니 앞으로는 두 번 다시 이런 일이 없을 것이오. 공부에만 열중하리다. 그러니 행여나 그런 생각일랑 하지 마시오."

"놀라게 해 드려 죄송합니다, 서방님. 하지만 제가 이렇게라도 해야 서방님이 마음을 다잡을 수 있을 것이라 생각했습니다. 이게 다 서방님과 저, 한양에 계신 어머님을 위한 일이라 생각하고, 부디 학문에 정진해 주십시오. 부탁드립니다."

"알았소. 내 나약함 때문에 당신 마음을 상하게 했구려. 앞으로는 당신과 우리 가족을 위해 최선을 다해 좋은 지아비가 되도록 노력할 것이오. 나를 믿어 주시오."

다음 날, 날이 밝기도 전에 이원수는 길을 떠났습니다. 해가 뜨고 사임당의 얼굴을 보면 또 굳은 결심이 흔들릴까 봐 작별 인사도 하지 않은 채 한양으로 향했습니다. 그리고 어머니 곁에서 학문에 더욱 정진했습니다.

"옳지 못한 일은 하지 마시오"

어느덧 3년이 지나 신사임당은 아버지의 삼년상을 마쳤습니다. 이제 한양으로 올라가야 할 때가 된 것입니다. 어머니를 두고 떠나야 해서 마음이 무거웠지만, 결혼한 지 3년 만에 시어머니를 처음 보게 된 신사임당은 마음을 새롭게 다졌습니다.

한양에 올라가 시댁에 도착한 신사임당은 더욱 조신하고 바른 몸가짐으로 시어머니를 만났습니다. 시어머니 홍씨는 아들 이원수가 어떤 여자와 결혼을 했는지 무척이나 궁금했는데, 신사임당을 보자 매우 흡족했습니다. 행실이 바르고 재주가 뛰어나 강릉에서 널리 알려진 처녀라는 것은 들어서 익히 알고 있었지만, 실제 그 모습을 보니 생각한 것보다 더욱 아름답고 조신해 보였습니다. 이후 시어머니 홍씨는 신사임당에게 어질게 잘 대해 주어 시어머니와 며느리 사이의 갈등은 찾아볼 수 없었습니다.

신사임당은 친정에 자주 내려갔습니다. 친정어머니에게 아들이 없어 아들 노릇을 해야 했기 때문입니다. 다행히 그런 사정을 시어머니가 잘 이해해 주어 편하게 왔다 갔다 할 수 있었습니다.

신사임당이 자주 강릉에 내려가서 머물게 된 이유는 남편에게도 있었습니다. 신사임당은 결혼한 지 2년 만에 장남 선이를 낳았고, 그로부터 5년 뒤에는 맏딸 매창이를 낳았습니다. 그 뒤로도 율곡 이이를 비롯해 아들 셋과 딸 둘을 더 낳아 모두 일곱 자식을 두었습니다. 이렇듯 아이가 하나 둘 늘다 보니 신사임당은 아버지가 본을 보였으면 하는 바람이 있었습니다.

그러나 이원수는 아이들의 재롱만 즐기며 공부에 힘쓰지 않았습니다. 그래서 신사임당은 때때로 아이들을 데리고 친정에 내려가 지내면서 남편이 공부에만 열중하도록 했습니다. 하지만 남편의 학문은 그리 발전하는 것 같지 않았습니다. 과거는 볼 때마다 번번이 낙방했고, 공부에도 큰 취미를 붙이지 못했습니다. 그런 자신이 걱정되는 것은 이원수도 마찬가지였습니다.

'아이들은 점점 크고 있는데, 나는 변변한 벼슬 하나 없이 돈도 못 벌고 한낱 서생°으로 있다니. 이거 가장으로서 체면도 서지 않고, 아이들이나 부인에게 미안하구나. 뭔가 방법이 없을까? 아, 좋은 생각이 났다! 당숙° 어른이 계시지. 그분한테 부탁하면 내게 벼슬자리 하나 주시지 않겠어? 그럼 나도 집안에서 체면을 차릴 수 있겠지.'

그런 마음을 먹은 이원수는 글공부를 접고 당숙인 이기의 집을 드나들기 시작했습니다. 이기는 윤원형°과 손잡고 무고한 선비들을 모함해 죽이거나 귀양°을 보내며 권력을 잡은 인물이었습니다.

신사임당은 이원수가 글공부를 하지 않고 밖으로만

서생 글만 읽어 세상일에 서투른 선비를 비유적으로 이르는 말.

당숙 아버지의 사촌 형제로 오촌이 되는 관계.

윤원형(?~1565) 문정 왕후의 동생. 1546년에 문정 왕후가 어린 명종을 대신해 나랏일을 할 때, 윤임 등을 죽이고 많은 관리를 조정에서 몰아냄.

귀양 고려·조선 시대에, 죄인을 먼 시골이나 섬으로 보내 일정한 기간 동안 제한된 곳에서만 살게 하던 형벌을 이르는 말.

도는 것에 대해 걱정을 했습니다. 공부를 접고 다른 일을 하려는 것은 아닌지, 혹 밖에서 부정한 일을 저지르지는 않는지 걱정이 태산이었습니다. 그리고 그 걱정은 곧 현실로 나타났습니다.

"마님, 주인어른께서 이기 대감님 댁에 줄 선물을 마련하라 하셨습니다."

"이기 대감에게? 주인어른이 그분 댁에 자주 드나드시느냐?"

"예, 주인어른께서 거의 매일 이기 대감님 댁을 찾아가십니다."

남편의 거동을 보아 이래서는 안 되겠다 생각한 신사임당은 그날 저녁 이원수에게 슬며시 이야기를 꺼냈습니다.

"서방님, 제가 요즘에 듣자 하니 서방님께서 이기 대감 댁에 자주 드나드신다면서요?"

"그렇소. 아무래도 나도 나이도 있고, 아이들도 쑥쑥 자라고 하니 자리를 잡아야 하지 않겠소. 부인도 알다시피 그분은 내 당숙 되는 분이시오. 어릴 적에 그분과 친하게 지낸 것도 있고 해서 자리를 부탁하려 하오. 권세가 있으신 분이니 작은 벼슬이라도 한 자리 주지 아니하겠소?"

"서방님, 그분은 을사사화˙ 때 이 나라의 무고한 선비들을 죽이고 권력을 차지한 사람입니다. 지금껏 역사를 살펴보더라도 옳지 못한 일을 통해 권세를

> **을사사화** 1545년 인종이 죽은 뒤 새로 즉위한 명종의 외삼촌인 윤원형이 인종의 외삼촌인 윤임 일파를 몰아낸 사건.

누린 사람은 오래가지도 못할뿐더러 그 결말이 좋지 않았습니다. 저는 혹 서방님이 그분과 가까이 지내다 나중에 그분이 잘못되었을 때 좋지 못한 일이 생길까 두렵습니다. 그러니 그분과 가까이 지내지 않는 것이 옳은 줄로 생각됩니다."

"아직 내가 자리를 잡지 못해 걱정이지 않소. 큰 벼슬을 바라는 것도 아니고 먹고살 만한 작은 벼슬 하나 달라는 것인데……."

"집안일은 걱정하지 마세요. 제가 다 꾸려 나갈 수 있습니다. 아이들에게도 아버지가 정정당당하게 과거를 통해 관직에 오르는 것이 더 큰 본보기가 될 것입니다. 잘못된 사람의 권세를 빌려 자리에 오르는 것이 자식들에게 본보기가 되겠습니까?"

신사임당은 이원수가 이기와 가까이 지내지 않도록 적극적으로 말렸습니다. 결국 이원수도 이기의 집에 찾아가는 것을 그만두었습니다. 얼마 뒤 이기는 옳지 못한 일을 한 죄로 벼슬에서 쫓겨나 귀양을 갔습니다. 또한 그를 따르던 사람들도 같이 벼슬에서 쫓겨나거나 벌을 받고, 심지어 죽음을 당하기까지 했습니다. 만약 이원수가 신사임당의 말을 듣지 않았다면 큰일을 당할 뻔한 셈입니다. 신사임당이 현명하게 앞일을 내다보고 대처한 덕분에 가족은 큰 화를 면할 수 있었습니다.

생각쟁이 열린마당

조선 시대의
결혼 문화와 여성의 지위

결혼은 인류 역사상 가장 중요한 제도 가운데 하나다. 단순히 남자와 여자가 같이 산다는 것을 뛰어넘어 사회의 가장 기본 요소인 가정을 이루는 것을 의미하기에, 오래전부터 전 세계적으로 매우 중요하게 여겨졌다.

우리의 전통 사회에서는 여기에 추가되는 의미가 하나 더 있었다. 바로 두 집안을 연결한다는 것이었다. 예를 들어 왕의 부인으로 간택을 받으면 그 여자의 집안은 세력이 더욱 커지게 되었다. 그래서 결혼 상대자를 정할 때 두 사람의 사랑이나 호감보다는 상대방의 집안을 보고 선택하는 경우가 많았다.

이런 이유 때문에 남자와 여자는 서로 얼굴 한번 보지 못한 채 결혼을 하는 일이 많았는데, 그로 인한 부작용은 클 수밖에 없었다. 사랑 없이 결혼한 탓에 행복하지 않은 결혼 생활을 하는 경우가 많았고, 그럴 때 남자들은 자기가 좋아하는 여자를 첩으로 삼았다. 하지만 여자들은 불행한 결혼 생활을 그저 참고 견뎌 내야 했다.

조선 시대는 유교가 나라를 지배하고 있었는데, 유교 문화 중 가장 나쁜 제도가 바로 남녀 차별이었다. 남자가 바람을 피우거나 가정생활에 충실하지 못한 것에 대해서는 비교적 관대했지만, 여자들에게 이러한 행위는 용납될 수 없는 일이었다. 바람을 피우는 것은 꿈도 꿀 수 없는 일이고, '칠거지악'이라고 해서 시부모에게 순종하지 않거나, 아들을 낳지 못하거나, 나쁜 병에 걸렸거나 하면 시집에서 쫓겨날 수밖에 없었다.

물론 그런 부당한 현실에 맞선 여자들도 더러 있었다. 어을우동은 지체 높은 양반 가문의 딸이었으나 자유연애를 한 인물이었다. 그러나 그녀는 자유연애를 했다는 이유만으로 사형을 당해야 했다. 만약 어을우동이 남자였다면 혈기 왕성한 사람의 바람기 정도로 생각되어 아무런 문제가 없었을 것이다. 이는 조선 시대가 여자들을 얼마나 옥죄는 사회였는지를 보여 주는 예라 할 수 있다.

조선 시대에도 물론 이혼은 있었다. 그러나 남자는 이혼을 한 뒤에도 새로 장가를 들 수 있었지만, 여자는 그럴 수 없었다. 뿐만 아니라 사회 활동을 할 수도 없었으니, 이혼한 여자들은 대부분 절이나 산으로 들어가 쓸쓸하게 여생을 보내야만 했다. 또 남편을 피해 도망가기만 해도 곤장 백 대의 벌을 받아야 했다.

우리는 과거의 경험을 토대로 현재 살아가는 기준을 세우는 경우가 많다. 이를 '전통' 혹은 '온고지신'이라 한다. 그러나 전통이라는 명분으로 과거의 옳지 못한 일까지 본받아서는 안 된다.

남녀 차별 정책 때문에 조선 시대의 수많은 여성 인재가 여성 혹은 결혼이라는 굴레를 쓴 채 재능을 꽃피우지 못했다. 이는 개인뿐만 아니라 국가 차원에서도 크나큰 손실이 아닐 수 없다. 인재가 많을수록 국가의 힘은 더욱 강해지게 마련이다.

그런데 조선 시대에는 여성을 차별하는 정책을 취하면서 재능 있는 여성이 활동을 하지 못했다. 이로 인해 사회적으로나 문화적으로, 정치적으로 더욱 발전하지 못한 안타까운 결과를 낳게 된 것이다.

신사임당과
　　　주변 인물들

아버지 신명화

　신사임당이 역사에 길이 남을 위인이 된 것은 자기 자신의 총명함과 재주 덕분이기도 하지만, 그러한 재능을 알아보고 마음껏 펼칠 수 있도록 도와준 사람들의 공도 큽니다. 오늘날 위인으로 존경받는 인물들 대부분이 그렇습니다. 그래서 신사임당에 대해 잘 알기 위해서는 주변에서 영향을 끼치고 도와준 사람들에 대해 살펴볼 필요가 있습니다.

　신사임당과 관련해서 가장 먼저 떠오르는 사람은 아버지 신명화입니다. 신명화는 신사임당이 어릴 때부터 재능을 알아보고 재능을 100퍼센트 발휘할 수 있도록 물심양면으로 도와준 인물입니다. 특히 여자임에도 신사임당이 마음껏 공부를 할 수 있었던 것은 아버지 신명화의 관심과 배려가 아니었으면 당시로서는 불가능한 일이었습니다. 어떻게 생각하면 신사임당에게는 최고의 조력자라 할 수 있을 것입니다.

물심양면 물질적인 것과 정신적인 것의 두 방면.
조력자 곁에서 도움을 주는 사람.
성균관 조선 시대에 유학을 교육시키던 기관. 공자를 제사하는 문묘와 유학을 강의하는 명륜당 등으로 이루어짐.
대사성 조선 시대에, 성균관의 으뜸 벼슬.

신명화의 집안은 고려와 조선 시대에 명문가로 알려져 있었습니다. 시조 신숭겸은 고려를 세운 태조 왕건이 가장 아끼는 충신이었고, 조선 시대에도 증조할아버지 신개가 영의정에 올랐으며, 할아버지 신자승은 성균관 대사성을 지냈습니다. 아버지 신숙권은 영월 군수를 지내기도 했습니다.

또한 신명화의 집안은 전통적인 사림 집안이었습니다. 사림이란 유교의 대표적인 학문인 성리학을 공부하는 사람들을 일컫는 말인데, 당시 조선의 개국 공신들의 후손인 훈구파와 더불어 큰 세력을 형성하고 있었습니다. 사림의 특징은 유교 사상, 그 가운데에서도 특히 성리학의 윤리와 도덕을 엄격하게 실천하는 것을 목표로 하고 있었습니다.

그런데 신명화는 조금 달랐습니다. 성리학에서는 남존여비 사상이 강했고, 여자가 공부를 많이 하거나 자기 의견을 내세우는 것을 금했습니다. 하지만 신명화는 아내 용인 이씨의 친정 부모님에 대한 사랑과 효성에 감동해 친정 부모가 돌아가실 때까지 친정에 사는 것을 허락했고, 특별히 재능 있는 둘째 딸 신사임당의 공부를 위해 지원을 아끼지 않았습니다. 당시로서는 매우 개방적이고 이해심 많은 남편이자 아버지였지요. 신사임당이 자기의 재능을 활짝 꽃피울 수 있던 것은 바로 아버지의 선견지명과 아낌없는 지원 덕분이었습니다.

선견지명 어떤 일이 일어나기 전에 미리 앞을 내다보고 아는 지혜.

어머니 용인 이씨

어머니 용인 이씨도 신사임당에게 좋은 영향과 많은 도움을 주었습니다. 신명화가 신사임당에게 학문과 예술적인 부분에서 영향을 미쳤다면, 용인 이씨는 행실과 도리에 대해 많은 영향을 끼쳤습니다. 이씨는 당시 강릉의 유명한 집안이던 이조 참판 최치운의 외손녀였습니다.

좋은 집안에서 태어나 올바른 행실을 배우고 익힌 용인 이씨는 앞에 나서는 성격은 아니었지만 뒤에서 조용히 남편 신명화를 보필하고 딸 신사임당의 뒷바라지를 했습니다.

이조 참판 조선 시대에 관리를 임명하는 등의 일을 맡아보던 종2품 벼슬.

용인 이씨에 대해 전해 오는 유명한 이야기가 몇 가지 있습니다. 용인 이씨는 외동딸이었습니다. 그런데 신명화와 결혼할 당시 아버지는 많이 늙으셨고, 어머니는 병이 들어 거동이 불편했습니다. 그래서 용인 이씨는 신명화에게 부탁했답니다.

"여자가 결혼을 하면 당연히 시댁에서 살아야 하는 것이 도리이나, 지금 늙으신 아버지와 병든 어머니를 보니 발걸음이 쉬이 떨어지지 않습니다. 더군다나 저는 외동딸이라 제가 가게 되면 두 분을 모실 사람이 아무도 없습니다. 그러니 제가 좀 더 머물면서 부모님을 모실 수 있게 허락해 주세요."

신명화는 용인 이씨의 간청을 받아들여 결혼한 뒤에도 친정에 살게 했습니다. 이는 신사임당이 결혼한 뒤 어머니를 모신 것과 같다고 할 수 있습니다. 신사임당의 효성과 당당함은 용인 이씨의 성격과 닮았다고 볼 수 있지요.

또 이런 일도 있었습니다. 용인 이씨가 마흔두 살 되던 해 봄, 한양에 갔다가 돌아오던 남편 신명화가 갑자기 병을 얻어 심각한 상황에 처하게 되었습니다. 이 소식을 들은 용인 이씨는 신사임당을 데리고 신명화를 마중 나갔습니다. 신명화는 보기에도 심각한 상황이었습니다. 용인 이씨는 신명화의 목숨을 구해 달라고 정성으로 기도를 올리기 시작했습니다.

"천지신명이시여, 제 남편이 죽어 가고 있습니다. 남편의 목숨을 굽어 살피어 돌보아 주시옵소서. 부디 지켜 주소서. 만약 목숨이 필요하시다면 남편의 목숨 대신 제 목숨을 가져가시옵소서!"

사흘 밤낮을 기도드렸으나 신명화는 깨어날 줄 몰랐습니다. 마침내 용인 이씨는 굳은 결심을 하게 됩니다. 왼손 가운뎃손가락 둘째 마디를 자른 것입니다. 신명화의 건강을 위해서라면 어떤 일이든 하겠다는 의지의 표현이었습니다. 이에 하늘도 감동했는지 기도를 마치고 내려오자 그때까지 누워 있던 신명화가 자리에서 일어나 건강을 되찾았다고 합니다. 이 일화는 전국에 널리 알려져 훗날 나라에서 용인 이씨를 기리는 열녀문을 세웠습니다.

이렇듯 용인 이씨의 온화하면서도 당차고 강직한 성품, 부모에 대한 효성, 그리고 남편을 위해서라면 손가락까지 자를 정도의 굳은 의지와 희생정신은 신사임당의 삶에 큰 교훈이 되었습니다.

> **천지신명** 하늘과 땅의 모든 것을 다스리는 모든 신적 존재.
> **열녀문** 절개가 굳은 여성을 기리기 위해 세운 문.

남편 이원수와 시어머니 홍씨

신사임당에게 영향을 미친 주변 인물로는 남편 이원수와 시어머니 홍씨도 빠뜨릴 수 없습니다. 사실 신사임당의 남편인 이원수에 대해서는 남아 있는 기록이 별로 없습니다. 다만 신사임당과 관련된 일화를 통해 이원수가 어떤 인물인지 짐작할 따름입니다. 이는 아마도 이원수가 높은 벼슬을 하지 못했기 때문일 것입니다.

신사임당과 관련된 기록을 보면 이원수는 그리 내세울 것 없는 나약한 사람으로 비쳐집니다. 그러나 이원수는 신사임당의 총명함과 재능을 사랑한 사람이었습니다. 이원수가 결혼한 뒤 강릉에서 홀어머니가 계신 한양으로 쉽사리 가지 못한 것도 모두 신사임당을 좋아해서 함께 있고 싶었기 때문입니다.

또 기록을 보면 이원수는 다른 사람들에게 아내의 총명함과 예술적 재능을 뽐내고 다녔다고 합니다. 앞서도 말했지만 조선 시대에 여성은 남성보다 지위가 낮았습니다. 아마 일반적인 남자라면 아내가 자기보다 훨씬 뛰어난 것을 부끄럽게 생각하고 함부로 나서지 못하게 막았을 것입니다. 따라서 이는 이원수가 신사임당의 재능을 누구보다도 아꼈음을 보여 주는 것입니다. 팔불출이라고 놀림을 받으면서도 아랑곳하지 않던 이원수야말로 신사임당의 재능을 아끼고 이를 펼칠 수 있게 도와준 고마운 사람입니다.

이원수의 홀어머니 홍씨와 신사임당과 관련해서는 다음과 같은 이야기가 전해 옵니다.

어느 날, 친척들이 모인 잔치 자리에서 여자 손님들이 모두 이야기를 하며 웃고 있는데 신사임당만 말이 없었다고 합니다. 이를 궁금하게 여긴 홍씨가 물었습니다.

"아가, 왜 아무 말도 하지 않고 가만히 앉아 있느냐?"

"저는 여자로 태어나 문밖을 나가 본 적이 거의 없어서 본 것이 별로 없습니다. 그런데 제가 무슨 말씀을 드리겠습니까?"

"아……. 미안하구나, 아가. 내 생각이 짧았다. 네 말이 백번 옳다. 매사에 행실을 조심조심하고 큰 소리를 내지 않는 것이 양반가의 도덕이거늘, 내가 분위기에 젖어 너무 경망스럽게 행동했구나. 내 이런 모습을 네가 지적해 주니 고맙고 부끄럽구나."

아마 잔치 분위기가 흥겨워 홍씨를 비롯한 여자 친척들이 큰 소리로 웃으며 떠들었던 모양입니다. 신사임당은 그것은 유교의 도리에 어긋난다 생각해서 시어머니에게 돌려 대답한 것입니다.

어떻게 생각하면 아랫사람인 신사임당이 시어머니 홍씨를 가르친 꼴이 되었으니 기분이 나쁠 수도 있을 것입니다. 그러나 홍씨는 자기가 잘못한 것을 알고 부끄러워하며 깨달음을 얻었습니다. 홍씨도 신사임당의 꼿꼿하고 바른 행실을 알고 이를 좋아했던 것입니다.

신사임당은 든든한 조력자인 아버지를 잃고 친정 어머니까지 모시게 되었지만, 든든한 남편과 시어머니의 배려 덕분에 자신의 꿈을 마음껏 펼칠 수 있었습니다.

생각쟁이 열린마당

훌륭한 인물 뒤의
도우미들

우리는 책이나 인터넷을 통해, 뛰어난 일을 했거나 세계를 뒤흔들 만한 발명을 한 사람, 훌륭한 걸작을 만들어 낸 예술가 등 수많은 분야에서 두각을 나타낸 위인들을 쉽게 접한다. 그런데 우리가 잊지 말아야 할 것이 한 가지 있다. 이런 위인들이 훌륭한 업적을 이룰 수 있도록 뒤에서 도와준 사람들이 있다는 사실 말이다.

그 대표적인 인물로 헬렌 켈러의 설리번 선생을 들 수 있다. 헬렌 켈러는 태어난 지 얼마 안 되었을 때 병을 앓아 눈이 보이지 않고, 귀도 들리지 않고, 말도 하지 못하는 삼중의 장애를 갖게 되었다.

그러나 설리번 선생은 그런 헬렌 켈러를 교육시켜 결국 래드클리프 대학에 진학하게 했고, 비장애인보다 뛰어난 성적으로 졸업할 수 있게 만들었다. 헬렌 켈러는 이후 장애인에 대한 사회의 이해와 협력을 위해 평생을 바친 사회 사업가가 되었다.

만약 헬렌 켈러에게 설리번 선생이 없었다면 그토록 훌륭한 인물이 될 수 있었을까? 아마 평생 장애라는 울타리에 갇혀 힘들게 살아야만 했을지도 모른다.

  네덜란드의 위대한 화가 빈센트 반 고흐의 동생 테오도 중요한 예가 된다. 고흐는 살아 있을 때에는 아무도 알아주지 않는 화가였다. 그가 그린 그림은 사람들에게 별다른 인정을 받지 못했다. 게다가 성격이 괴팍해서 친구나 도움을 주는 사람도 없이 힘든 나날을 보내야 했다.

  그런 고흐가 그림에 몰두할 수 있었던 것은 바로 동생 테오 덕분이었다. 테오는 고흐가 그림에만 집중할 수 있도록 물심양면으로 도움을 주었다. 그 결과 고흐는 '해바라기'와 같은 걸작을 만들어 낼 수 있었고, 오늘날 세계 미술사에서 가장 대표적인 인물로 평가받게 되었다.

  만약 테오가 없었다면 고흐 역시 그렇고 그런 화가로 살다가 사라졌을지도 모른다.

  우리나라에도 이런 경우가 많다. 조선 시대 최고의 화가인 안견과 김홍도는 각각 안평 대군과 강세황이라는 뛰어난 후원자 덕분에 예술적 재능을 마음껏 펼칠 수 있었다. 세종 역시 우리나라의 문자를 만들기 위해 수많은 밤을 지새우며 노력한 집현전 학자들이 없었다면 결코 한글을 만들어 내지 못했을 것이다.

우리는 위인들의 뛰어난 삶을 찬양하고 존경한다. 하지만 그와 더불어 위인을 위인으로 만들어 준 조력자들의 공로 또한 깊이 생각해야 한다. 그들은 위인들에 비해 높은 평가를 받지 못한다. 그러나 만약 그들이 없었다면 위인들은 위대한 업적을 이루지 못했을 것이며, 설사 이루었다 할지라도 더욱 큰 고통과 시간이 필요했을 것이다.

위인들의 업적은 결코 혼자 힘으로 이루어진 것이 아니다. 위인들뿐만 아니라 그 일을 함께 이루기 위해 뒤에서 궂은일을 마다하지 않은 사람들에게도 관심을 가져 보는 것이 어떨까.

이론보다는 실천,
생각을 행동으로 옮겨라!

최고의 교육가 신사임당

신사임당은 이원수와 결혼한 뒤 아들 넷과 딸 셋을 두었습니다. 아들과 딸 모두 신사임당의 교육을 받고 자란 덕분에 재능과 성품 면에서 신사임당을 닮았습니다. 지금껏 우리가 신사임당을 최고의 어머니상으로 생각하는 이유도 바로 이 때문입니다.

맏딸 이매창은 신사임당을 꼭 빼닮았습니다. 그래서 시와 서예, 글씨에 뛰어났으며, 거문고까지 잘 타는 등 재주가 많았습니다. 또 조선 시대 유일의 '사절'이라는 칭호를 받기도 한 넷째 아들 옥산 이우도 유명합니다. 그리고 우리가 잘 아는 셋째 아들 율곡 이이는 대학자이자 정치가로서 이름을 날려 조선 시대 최고의 성현이 된 인물입니다.

자식들을 모두 총명하고 훌륭하게 키워 낸 신사임당에 대해 많은 사람이 칭송을 아끼지 않았습니다.

숙종 때의 학자이자 정치가인 권상하는 신사임당에 대해 다음과 같이 말했습니다.

"아, 율곡 선생은 우리에게 큰 스승이라 내 일찍부터 그의 학문을 흠모해 왔는데, 그의 어머니 신사임당의 이야기를 듣고 나니 율곡 선생이 어떻게 이처럼 큰 학자가 되었는지 알겠구나!"

▲ 율곡 이이

그뿐만이 아닙니다. 숙종 때의 문신 김진규는 다음과 같이 말했습니다.

"내가 들으니 신사임당은 시에도 밝고, 학문에도 뛰어났으며, 예의를 잘 지켰다고 한다. 율곡 선생의 어진 덕도 실은 그 어머니의 태교와 교육에서 이뤄진 것임이 틀림없다."

사절 네 가지 예술 분야에 모두 뛰어난 사람.
숙종(1661~1720) 조선 제19대 왕. 대동법을 확대하고, 국경을 넓힘.
김진규(1658~1716) 여러 벼슬을 지냈으며, 글 솜씨와 그림 실력이 뛰어났음.

이론보다는 실천, 생각을 행동으로 옮겨라!

신사임당의 명성은 후대뿐만 아니라 당시에도 널리 퍼졌습니다. 자식들 모두 어려서부터 학문과 예술 등 각 분야에서 두각을 나타낸 덕분입니다.

장원 과거 시험에서 첫째 등급인 갑과에 가장 좋은 성적으로 합격하는 것.

"아, 글쎄 이번에 이원수 댁 셋째 아들이 진사 시험에서 장원을 했다지 뭔가! 열세 살밖에 안 됐는데 정말 대단하지 않은가? 어릴 때부터 남달리 총명하긴 했지만, 정말 대단해."

"그뿐인 줄 아나? 맏딸 매창이는 얼굴도 예쁘고 똑똑해서 뭐 하나 빠지는 것이 없어. 시도 잘 짓고, 글씨도 잘 쓰며, 그림도 잘 그리는 것이 어머니의 모습을 꼭 빼닮았지 뭔가!"

"넷째 아들 우는 또 어떻고! 그 어린애가 거문고 연주하는 것 들어 보았나? 이건 애가 연주하는 것이 아니야. 궁중의 악사도 저리 가라 싶다니까! 어쩜 그렇게 조그만 손에서 아름답고 절절한 소리가 나오는지!"

그 밖에도 맏아들 이선과 둘째 이번은 어려서부터 학문에 두각을 나타내어 근방에서 영특한 아이라 소문이 자자했으며, 셋째 딸도 조신한 인품과 예의 바른 태도를 지녀 당시 명문가이던 남양 홍씨 집안에 시집을 갔습니다.

이처럼 신사임당 자녀들은 학식과 지혜와 인품이 매우 출중하고 예술적 자질도 뛰어나 부모님을 항상 즐겁게 했습니다.

어머니를 닮은 딸, 매창

신사임당의 딸 중에서 가장 뛰어난 재능을 보인 사람은 맏딸 매창이었습니다. 매창은 어머니로부터 인품은 물론 학문, 인격, 시, 글씨, 그림, 자수 등 모든 재능을 물려받은 유일한 자식입니다. 지금도 오죽헌에 가면 매창이 달 밝은 밤에 하늘로 높이 솟아오른 매화 가지를 그린 것이 있는데, 그 솜씨가 웬만한 화가 못지않습니다. 여성이라서 정식으로 교육을 받지는 못했지만, 그림에 뛰어난 신사임당의 가르침에 자신의 재능을 보태 이처럼 훌륭한 그림을 그려 낸 것입니다.

매창은 학문에도 뛰어났다고 전해집니다. 매창의 남편이던 조대남의 묘지에는 다음과 같은 글이 쓰여 있습니다.

'이씨 부인은 유교의 경전인 사서삼경에 능통했고, 중국의 역사도 꿰뚫고 있는 현명한 부인이었다.'

그뿐만이 아닙니다. 조선 시대 정치가이자 대학자이던 율곡 이이도 정치를 함에 있어 어려운 문제가 있거나 의심나는 일이 있으면 매창과 상의했습니다.

"누님, 잘 계셨는지요?"

"어, 율곡이 왔구나. 그런데 오늘은 얼굴이 밝지 못하구나. 근심 어린 빛이 보이네."

"제가 군량미를 담당하는 직책을 맡고 있음을 누님도 아실 겁니다. 그런데 요즘 북쪽 오랑캐가 침입을 해서 백성들의 곡식을 다 빼앗아 갔는데, 그것을 지원할 군량미가 너무 부족합니다. 좋은 방법이 없을까요?"

"그런 것을 가지고 그리 걱정을 하느냐. 쉽게 생각해 보아라. 지금 급한 일은 모든 사람으로 하여금 신이 나서 나라의 뜻을 따라오게 하는 것이야. 그래야 이 어려운 상황을 극복할 수 있지. 예를 들어 보자. 우리나라는 지금까지 서자는 벼슬길에 나갈 수 없게 했어. 이 때문에 많은 서자가 장사를 해서 부자가 되었지. 하지만 그들은 차별을 받았다는 생각에 울분으로 가득 차 있어. 그러니 그들에게 나라에 곡식을 바치게 하고 대신 벼슬길을 터 주면, 그들의 동요를 막아 사회도 안정될 테고 군량미 문제도 쉽게 해결될 것이 아니겠느냐?"

"아, 그런 방법이 있군요! 누님은 정말 대단하십니다. 집 안에만 계시면서 어떻게 이처럼 세상 돌아가는 이치를 잘 알고 계신지요!

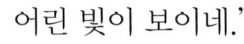

군량미 군대의 양식으로 쓰는 쌀.

오랑캐 당시 두만강 일대의 만주 지방에 살던 여진족을 멸시해 이르던 말.

서자 본부인이 아닌 딴 여자에게서 태어난 아들.

제가 당장 가서 임금께 보고를 드리겠습니다!"

매창의 학식과 지혜가 이 정도였으니, 조선의 대정치가라 칭송받는 율곡 이이가 항상 상의할 만했을 것입니다. 이를 통해 매창이 신사임당의 지혜를 그대로 물려받았음을 알 수 있습니다. 이처럼 매창은 여러 방면에 뛰어난 재능을 가진 여성이었습니다.

용꿈을 꾸고 낳은 아이, 율곡

어느 날, 율곡 이이를 임신한 신사임당이 잠자리에 들었는데 신기한 꿈을 꾸게 되었습니다. 하늘이 갑자기 어두워지더니 검은 용이 똬리를 틀며 내려오는 것이었습니다. 용은 신사임당의 치마 아래로 사뿐히 내려앉았습니다. 신사임당은 깜짝 놀라 잠에서 깼습니다. 알고 보니 꿈이었습니다.

'정말 이상한 꿈을 꾸었네. 잠이 깼는데도 생생한 걸 보니 이게 태몽인가 보구나. 그나저나 배 속에 있는 이 아기는 다른 아이들과 달리 큰 인

오죽헌의 몽룡실 현판

물이 되지 않을까? 필시 천지신명께서 내게 점지해 주신 거야. 아, 이런 꿈을 꾸다니…….'

검은 용을 태몽으로 꾸고 낳은 아이, 그가 바로 율곡이었습니다. 이 꿈 때문에 율곡의 어릴 때 이름은 검을 '현' 자에 용 '룡' 자를 써서 현룡이라 지었습니다.

지금도 강릉 오죽헌에 가면 율곡을 낳은 방이 있는데, 방 이름이 바로 '몽룡실'입니다. 꿈 '몽' 자에 용 '룡' 자를 써서 '꿈속에서 용을 보고 아이를 낳은 곳'이라는 뜻이지요.

율곡이 조선을 대표하는 대학자이다 보니 탄생과 관련한 여러 전설이 전해져 오고 있습니다.

이원수가 한양에 있다가 처가로 가던 중 봉평에 들른 적이 있습니다. 봉평 주막에서 하룻밤을 청했는데, 주인 여자가 이원수에게 율곡의 탄생과 관련한 믿지 못할 이야기를 전했답니다.

"나리, 지금 부인께서는 존귀한 아드님을 잉태하셨습니다. 그런데 그 아드님이 다섯 살을 넘기지 못하고 나쁜 일을 당할 것이라 걱정이옵니다."

"아니, 어떻게 우리 부인이 임신 중인 것을 아셨소? 그리고 나쁜 일을 당한다는 것이 대체 무슨 말이오?"

"아드님을 살릴 수 있는 방법이 하나 있습니다. 속는 셈치고 밤나무 천 그루를 심으십시오. 그리고 아드님이 다섯 살 되는 해에 금강산에서 왔다는 노승이 찾아와 아이를 보자고 할 것입니다. 그때 아이를 보여 주지 말고 대신 '나는 덕을 많이 쌓은 사람이오'라고 말한 뒤 밤나무 천 그루를 심은 곳을 보이면, 아드님은 화를 면할 수 있을 것입니다."

"허, 그 무슨 해괴한 말인지……."

이원수는 예사롭지 않은 주막 주인 여자의 말을 듣고 강릉으로 내려와 곧장 밤나무 천 그루를 심었습니다. 그리고 율곡이 다섯 살 되던 해에 정말로 한 노승이 찾아와 이원수에게 아이를 보여 달라고 했습니다. 이원수는 주막 주인이 시킨 대로 말했습니다.

"나는 덕을 많이 쌓은 사람이오. 하여 밤나무 천 그루를 심었으니, 함께 가서 보십시다."

이원수는 노승을 밤나무 심은 곳으로 데려갔습니다. 그러자 노승은 밤나무를 세기 시작했습니다.

그런데 밤나무는 천 그루에서 딱 한 그루가 모자랐습니다. 잘 돌보지 않아 말라 죽은 것이지요.

노승이 말했습니다.

"한 그루가 부족하니, 내가 아이를 데려가야겠소!"

그런데 그때 어디선가 소리가 들려왔습니다.

"나도 밤나무요!"

주변에 밤나무와 비슷하게 생긴 참나무가 외친 것이었습니다. 노승은 결국 율곡을 데려갈 생각을 단념하고 돌아갔답니다.

이 이야기는 아마도 사실이 아닌 전설일 것입니다. 하지만 이를 통해 율곡이 얼마나 위대한 사람이었는지를 알 수 있습니다. 전설이 전해진다는 것은 그만큼 그 인물이 대단한 위인임을 뜻하는 것이니까요.

실제로 율곡은 열세 살이라는 어린 나이에 과거에 급제해 진사가 되었고, 스물아홉 살부터 승승장구했으며, 40대에는 정국을 이끄는 인물이 되었습니다.

또한 학문에도 매우 뛰어나 성리학에도 큰 업적을 남겼는데, 그는 참된 학자는 학문이나 유학만 공부하면 되는 것이 아니라 사람을 다스리고 세상을 경영하는 이치도 알아야 한다고 주장했습니다.

율곡의 이런 주장은 당시 주자의 성리학을 해석하는 데 큰 도움이 되었고, 어떤 사람들은 주자의 이론보다 유학의 본질에 더 가까이 갔다고 칭송하기도 했습니다.

> **정국** 한 나라의 정치가 되어 가는 상황과 형편을 일컫는 말임.

거문고에 능한 넷째 아들, 이우

신사임당의 넷째 아들 옥산 이우는 시와 서예, 그림과 거문고에 모두 뛰어나 삼절을 넘어 사절로 칭송받은 예술가였습니다. 율곡이 신사임당으로부터 학문적인 자질을 이어받았다면, 이우는 어머니로부터 예술에 대한 감성과 재능을 물려받은 셈입니다. 이우는 사실 학문에는 그리 관심이 없던 것으로 보입니다. 율곡이 이우에 대해 회상하며 쓴 글을 보면 그런 면이 잘 나타나 있습니다.

> 내 동생은 학문에는 별로 관심을 가지지 않고, 시를 쓰거나 서예를 하고, 그림을 그리며 거문고를 타는 일에만 열중했다. 그러나 이우가 가진 학문적 재능은 매우 뛰어나 제대로 공부만 했다면 나보다 훨씬 더 잘했을 것이다.

이우는 공부보다는 예술 분야를 더 좋아하고 더 잘했습니다. 이런 이우의 재능을 일찍이 알아채고 도와준 사람이 바로 신사임당입니다. 신사임당은 이우에게 공부를 강요하지 않고, 자기가 하고 싶은 분야를 마음껏 할 수 있게 했습니다.

이우는 어렸을 때 신사임당으로부터 서예를 배우기도 했습니다. 그래서인지 이우가 젊었을 때 남긴 글씨들은 신사임당의 글씨와 비숫한 것이 매우 많습니다. 이후 이우의 서예 솜씨는 온 나라에 널리 알려졌고, 당시 임금이던 선조에게도 알려졌습니다. 선조는 이우를 불러 글씨를 쓰게 했습니다.

선조(1552~1608) 조선 제14대 왕. 인재를 많이 등용하고 유학을 장려하며 어진 정치에 힘썼으나, 당쟁으로 인해 국력이 약해져서 두 번의 왜란을 겪음.

명필 글씨를 뛰어나게 잘 쓰는 사람.

"어허, 천부적인 재능이로다. 어찌 이렇게 글씨를 잘 쓰는고? 이처럼 명필을 만났으니 내 기쁨도 매우 크도다. 여봐라! 종이와 먹을 준비해라. 내 직접 이우에게 글을 써서 상으로 내릴 것이다."

임금으로부터 직접 쓴 글을 받는다는 것은 예술가로서 대단한 명예였습니다. 그런데 선조는 이우에게 이런 상을 한 번이 아니라 자주 내렸다고 합니다. 아마도 그를 매우 아낀 모양입니다.

이우는 그림에도 천부적인 소질을 가지고 있었습니다. 어느 날 이런 일도 있었습니다. 이우가 아직 어릴 때라 먹으로 마당에 있는 벌레를 그렸습니다. 그런데 그림이 마치 살아 있는 듯 생동감이 넘쳤습니다. 마침 그 옆을 지나가던 신사임당이 그림을 보았습니다.

"우야, 너는 그림을 참 잘 그리는구나! 벌레가 마치 살아서 움직이는 것 같다. 정말 대단한걸! 아마도 네 그림 솜씨는 사람뿐 아니라 다른 생물들에게도 대단한 것으로 보일 거야!"

"에이, 어머니. 제 그림 솜씨를 칭찬해 주시는 것은 고마운데, 너무 과찬을 하시는 게 아닌지요? 어떻게 하찮은 미물들이 그림을 안다고 그러십니까?"

신사임당은 대답하지 않고 빙그레 웃으며 이우의 그림을 마당의 닭에게 던졌습니다. 그러자 이게 웬일입니까? 마당의 닭들이 한꺼번에 몰려오더니 이우가 그린 벌레를 막 쪼는 것이었습니다!

"우아, 어머니, 이런 일이 있다니요! 하하."

신사임당은 이우의 재능을 알아보고 자신감을 심어 주기 위해 그런 것이었습니다.

이우는 예술 분야에만 뛰어났다고 전해지지만, 학문에도 재능이 있었습니다. 앞서 율곡이 이우의 공부 머리가 매우 좋다고 말했듯이 실제로 이우는 많은 학식을 쌓았습니다. 그래서 과거에도 급제해 여러 고을의 군수를 지냈으며, 천문과 지리에도 뛰어났다고 전해집니다. 또한 중국과 우리나라의 역대 명필들의 글씨를 논한 책을 발간하기도 했으며, 거문고에 있어서도 옛날 가락을 모두 기록해 집대성한 《금보》라는 책을 짓기도 했습니다. 이는 이우가 단순히 글씨만 잘 쓰고 거문고만 잘 뜯은 것이 아니라, 그와 관련된 이론도 매우 깊었음을 보여 주는 것입니다.

그뿐만이 아닙니다. 이우는 성품이 자애로워 고을 군수로 있을 때

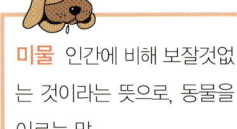

미물 인간에 비해 보잘것없는 것이라는 뜻으로, 동물을 이르는 말.

이우를 좋아하지 않는 백성들이 없었다고 하며, 그만두고 다른 곳으로 옮길 때마다 아쉬워하지 않는 백성들이 없었다고 전해집니다. 또한 임진왜란이 일어나자 백성들과 무기를 모아 적을 물리쳤는데, 그때에도 그 공을 모두 부하들에게 돌렸다고 합니다. 이러한 이우의 성품은 자애로운 어머니 신사임당으로부터 물려받은 것이라 할 수 있습니다.

'먼저 행동으로 모범을 보여라'

후대 사람들의 칭송을 통해 신사임당이 남편을 잘 모시고 자식을 잘 키운 현모양처라는 인식이 강한 것은 사실입니다. 신사임당 하면 현모양처, 현모양처 하면 신사임당이 떠오르니까요.

그런데 과연 신사임당은 현모양처였을까요? 그렇지 않았습니다. 신사임당은 남편을 잘 섬기기보다는 남편을 이끌어 옳지 않은 일들은 하지 못하도록 하고 공부에만 전념하게 했습니다. 한마디로 뒷바라지를 한 것이 아니라 남편을 가르친 것입니다. 이는 전통적인 현모양처의 모습과는 완전히 다른 것입니다.

또한 자녀 교육도 남달랐습니다. 당시 어머니들은 자식들에게 좋은 것을 먹이고 입히고 정성껏 돌보는 것이 전부였고, 특별히 교육

다운 교육을 시키지 못했습니다. 그러나 신사임당은 달랐습니다. 자식들에게 좋은 음식과 옷을 주는 대신 하고 싶은 일을 마음껏 할 수 있게 하는 배짱을 길러 주었습니다. 그런 모습을 신사임당이 앞장서서 보여 주었지요.

"어머니, 무엇을 하고 계신가요?"

"매창이 왔구나. 어미는 지금 그림을 그리고 있단다. 마당에 있는 벌레와 잘 자라고 있는 식물을 화폭에 담고 있지. 아름답지 않느냐? 그림을 그리다 보면 자연의 아름다움이 눈에 들어오게 된단다. 이 작은 마당에서도 자연이 숨 쉬고 생명이 태어나고 있으니, 어찌 아름답지 않을 수가 있겠느냐."

"어머니 그림을 보니 정말 그런 것 같아요. 저도 어머니를 따라 그림을 그려 보고 싶어요. 어머니, 저도 가르쳐 주세요."

"물론이지. 우리 매창이도 나를 닮아서 그림을 아주 잘 그릴 거야. 그럼 말이 나온 김에 너도 한번 그려 볼까?"

또 신사임당은 틈만 나면 서재에 앉아 책을 읽었습니다. 책을 읽으면서 곰곰이 생각하기도 하고, 웃기도 하며, 눈물도 지으니 아이들의 눈에는 여간 신기해 보이는 게 아니었습니다.

"어머니, 또 책 읽으세요? 책이 그렇게 재미있나요?"

"그렇단다, 현룡아. 책에는 우리가 아는 세상에서부터 알지 못하는 세상까지 모든 것이 담겨 있단다. 나는 지금 중국의 역사책을 읽고 있는데, 여간 재미있는 게 아니란다. 지금 우리는 중국이 멀어 갈 수 없지만, 책 속에는 가지 않아도 상상할 수 있도록 그곳에 관한 여러 가지가 기록되어 있지. 그러니 가만히 앉아서 책만 읽어도 중국의 모습이 눈에 훤히 들어오는구나."

"이야, 정말 그렇겠네요!"

"또한 책은 인간이 지켜야 할 도리를 가르쳐 주기도 한단다. 옛사람들의 자취를 살펴보면서 그들이 어떤 잘잘못을 했는지, 그들이 한 행동이 어떤 결과를 낳게 되었는지도 한눈에 알 수 있지. 그러니 책을 통해 내 행동을 다시 돌아볼 수도 있단다."

"어머니, 그럼 저도 오늘부터 책을 열심히 읽을래요. 책을 열심히 읽어서 재미있는 생각도 하고, 옛사람들의 지혜도 본받고 싶어요. 혹 제가 책을 읽다가 모르는 것이 있으면 어머니께 여쭤 봐도 되지요?"

"물론이지, 나도 우리 현룡이가 책을 열심히 읽어 바른 사람으로 클 수 있다면 더 바랄 것이 없단다. 그래, 그럼 어디 우리 현룡이가 읽을 만한 책을 찾아볼까?"

신사임당의 교육법은 이러했습니다. 아이들에게 억지로 그림을 그리게 하거나 글공부를 시키지 않았습니다. 그 대신 자기가 독서와 그림에 열중하는 모습을 보이면서 아이들로 하여금 흥미를 갖게 했습니다. 억지로 책을 읽히거나 그림을 그리게 하는 것보다 아이들에게는 훨씬 좋은 방법이었지요. 그래서 아이들은 마치 놀이처럼 책을 읽고 그림을 그렸습니다.

'내가 먼저 해서 아이들에게 모범을 보여라!'

그것이 바로 신사임당의 교육법이었습니다.

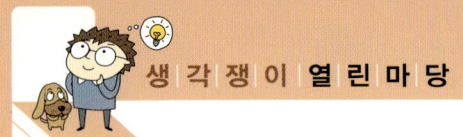

조선 시대의 교육 정책

한 나라의 교육 정책을 살펴보면 그 나라가 어떤 방향으로 나아가고자 하는지를 알 수 있다. 현재 우리나라가 영어를 비롯한 외국어 교육을 강화하는 것은, 좁은 국토에만 머무르지 말고 세계로 나가 활동하면서 우리나라의 가치를 높이는 '글로벌화'를 목표로 하고 있기 때문이다.

조선 시대 자녀 교육의 가장 큰 목적은 유교적 도덕을 따르는 인간을 만드는 것이었다. 이는 조선이 유교를 중시하는 국가였기 때문이다. 그래서 이와 관련된 교육 정책을 펼쳐 선비를 양성하는 데 힘썼다. 선비는 조선 시대에 중요하게 여기던 유교의 성리학에 능통하고, 성리학에서 말하는 도덕을 잘 따르는 사람들을 일컫는다.

성리학적 인재를 기르기 위한 가장 손쉬운 방법은 학교를 설립하는 것이었다. 그래서 지금의 대학이라 할 수 있는 성균관을 세웠으며, 한양에 사부 학당을 두었다. 사부 학당은 한양의 네 곳에 세운 교육 기관으로, 위치에 따라 중학, 동학, 남학, 서학이 있었다. 또 지방에는 향교를 두었는데, 한양

의 사부 학당과 같은 역할을 했다.

　이들은 국가의 통제 아래 있는 교육 기관으로, 유교의 학문적 이론과 실천 방법을 가르치는 데 주목적으로 삼았다.

　특히 성균관은 교육 외에도 국가의 관리를 양성하는 것을 목적으로 했다. 그렇기 때문에 나라의 모든 인재가 이곳에 들어와 유교를 공부하도록 이끌었다.

  그 밖에 서원과 서당이 있었다. 서원은 조선 시대 성리학에 큰 업적을 남긴 위대한 학자의 뜻을 기리기 위해 만든 것이나, 일종의 사립학교로서 학생들에게 유교적 소양을 가르쳤다.

  한편 서당은 일종의 초등 교육 기관으로, 유교의 학문과 도덕 교육을 실

시하던 곳이다.

특히 서당은 다른 교육 기관이 양반들을 위한 것과는 달리, 일반 평민들도 입학이 허용되어 누구나 기본적인 도덕과 글을 배울 수 있었다.

이들 학교의 관리와 통제를 통해 국가에서는 국가의 가장 큰 이념이라 할 수 있는 성리학을 중앙의 양반부터 지방에 있는 평민들까지 접할 수 있게 했다.

이러한 교육 체계를 통해 국가의 중심 이념을 모든 사람이 이해하고 따를 수 있게 했으며, 재능이 있는 많은 젊은이를 국가의 관리로 발탁함으로써 유교 국가인 조선의 학문적 기반을 닦을 수 있었다.

신사임당만의
예술 세계, 시와 글씨

오랜 친정살이를 해낸 배짱

총명한 아이들을 지극 정성으로 기르고 남편을 뒷바라지하는 고된 생활 속에서도 신사임당의 예술 세계는 점점 더 깊어 가고 성숙해졌습니다.

그런데 한양에서는 도무지 자유로이 글을 읽고 그림을 그릴 수가 없었습니다. 남편 이원수와 시어머니 홍씨는 신사임당의 학문과 예술을 이해해 주었지만, 시댁 친척들이나 주변 사람들의 시선이 그리 곱지 않았기 때문입니다.

"아니, 이원수 댁 신씨 부인 말이야. 물론 학문도 뛰어나고 그림도 잘 그린다지만, 그렇다고 집안일도 안 하고 그림만 그리고 있는 거 아니야? 시집을 왔으면 시어머니 봉양하고 남편 뒷바라지나 할 생각을 해야지, 그렇게 아녀자가 허구한 날 그림만 그리고 책만 읽으면 되나?"

"그러니까 이원수가 지금껏 과거에도 못 붙고 빌빌대는 거 아냐. 마누라가 워낙 잘났으니 남편이 어디 기가 살겠어?"

그러나 그런 염려는 남의 말 하기 좋아하는 사람들의 입방아에 불과했습니다.

신사임당은 사람들이 그런 질타를 할까 두려워 다른 누구보다도 열심히 집안일을 했고, 남편을 독려해 학문에 정진시키려 애썼습니다. 바쁜 와중에 잠깐씩 짬을 내어 책을 읽고 그림이라도 그릴라치면 주변 사람들의 따가운 시선이 뒤통수에 꽂혔지요.

하지만 신사임당은 마음속에서 끓어오르는 예술에 대한 열정을 감출 수가 없었습니다. 그림을 그리고 시를 짓는 혼자만의 시간을 가지는 것이 정말 행복했습니다. 신사임당은 마침내 시어머니에게 부탁을 했습니다.

"어머님, 어머님께 이런 말씀을 드려도 되는지 모르겠습니다만……."

"그래, 무슨 일이냐? 어서 말해 보아라."

"실은 제가 친정이 있는 강릉으로 자주 내려가고자 합니다. 어머님도 홀로 계시지만, 강릉에 계신 친정어머니도 혼자 지내십니다.

더군다나 친정어머니는 아들도 없고 딸은 모두 시집을 간 탓에, 연로하신 몸으로 집안일까지 건사하셔야 합니다. 하여 제가 자주 내려가 집안일도 돌보고 친정어머니도 잠시나마 모시고 싶습니다. 그리고……."

"그리고?"

"어머님도 아시겠지만, 저는 시집와서 누구보다도 열심히 집안일에 애를 썼고 제 딴에는 어머님을 모시면서 남편에게도 최선을 다하려 노력했습니다. 그런데 그런 와중에 잠깐 시간을 내어 그림을 그리거나 글을 읽으려 하면, 주변에서 쓸데없는 일이라 수군거리면서 자기만 아는 못된 며느리라는 말이 나옵니다. 외람된 말씀이지만, 저는 남는 시간에 누구의 간섭도 없이 제가 원하는 공부를 하고 싶습니다. 어머님께서 이해해 주신다면 자주 친정에 내려가 제 공부에도 힘쓰고 싶습니다."

"음……."

시어머니 홍씨는 잠시 생각에 잠겼습니다. 물론 신사임당의 마음을 모르는 것은 아니었습니다. 홍씨도 신사임당이 시집와 얼마나 많은 노력을 했는지 잘 알고 있었습니다. 하지만 주변 사람들의 시선도 신경 쓰지 않을 수 없었습니다.

잠시 침묵이 흐른 뒤 시어머니가 말했습니다.

"그래, 아가. 네 말도 맞다. 하지만 주변 사람들의 수군거림도 신경이 쓰이는구나. 그런 내 입장도 이해해 주렴. 그래서 말인데…… 이건 어떻겠느냐? 친정이 가까운 봉평으로 분가를 하여라. 사람들에게는 아들이 과거 시험을 위해 조용한 곳으로 이사를 가서 공부를 한다고 하면 될 것 아니냐. 그리고 거기 가서는 네가 원하는 대로 친정에 가서 생활하도록 해라. 손자들 교육 여건도 여기보다는 거기가 더 좋을 테니 그리하는 것이 좋을 듯싶구나. 여기는 걱정하지 마라. 내가 아직 힘이 있으니 나 혼자서도 잘 꾸려 나갈 수 있다. 또 내가 힘들 것 같으면 아들이 왔다 갔다 하면서 돌보면 될 것이니."

"고맙습니다, 어머님! 사실 죄송하고 어려운 부탁인데 허락해 주셔서 정말 감사합니다. 그곳에 가서도 자주 찾아뵐게요!"

"그래, 내 걱정은 말고, 지금처럼 매사 열심히 하여라."

시어머니 홍씨의 전폭적인 이해와 지지 아래 신사임당 가족은 강원도 봉평으로 내려가게 되었습니다. 이후 신사임당은 강릉의 친정집에 자주, 그리고 오래 머물면서 자기가 하고 싶은 공부를 계속할 수 있었습니다. 강릉에서는 남의 눈치를 보지 않고 책을 마음껏 읽고 좋아하는 그림을 실컷 그릴 수 있었습니다.

자매들은 모두 시집을 갔고 아버지도 돌아가셔서 강릉 집에는 어머니 혼자 외로이 살고 있었습니다. 효성이 지극한 신사임당은 공부도 공부지만 홀로 계신 어머니를 뵈러 친정에 자주 내려가 머물렀습니다.

사실 시어머니에게 친정에 자주 가겠다는 말을 한다는 것이 쉬운 일은 아닙니다. 더군다나 조선 시대에는 감히 상상조차 하기 힘든 일이었지요. 이는 신사임당이 자기가 해야 할 일에 최선을 다했기에 가능한 일이었습니다. 아무리 이해심 깊은 시어머니라 하더라도 빈둥빈둥 노는 며느리가 친정에 자주 가겠다고 하면 좋아할 사람이 없을 것입니다. 또한 아무리 자기가 해야 할 일에 최선을 다했더라도 시어머니에게 자기의 공부를 위해 친정에 가겠다고 말하는 것은 당시로서는 웬만한 배짱이 아니면 불가능한 일이었지요.

신사임당이 친정살이를 그처럼 오래 할 수 있던 밑바탕에는 무엇이든 열심히 최선을 다해 성취해 내는 강인함이 있었습니다. 타고난 배짱에서 비롯된 당당함과 강인함이 신사임당으로 하여금 자기가 원하는 인생을 살 수 있게 해 준 것입니다.

손끝에 어린 곧은 정신, 서예의 달인

친정살이를 하면서 신사임당의 예술적 재능은 점점 무르익었습니다. 집안일을 돌보고 자식들을 가르치는 짬짬이 글씨를 썼는데, 비록 여가 시간을 이용해서 하는 것이지만 그 예술적 수준은 대단했습니다. 신사임당의 글씨는 다른 서예가들의 글씨체와 완연히 다르면서도 매우 격조가 높았습니다.

여기서 잠깐 당시 서예의 흐름이 어떠했는지 살펴볼까요? 당시 서예는 중국 명나라에서 들어온 글씨체가 대세였습니다. 명나라에서 들어온 글씨는 글자의 굵고 가는 변화가 심하며, 장식이 많은 편이었습니다. 사람들은 이런 멋들어진 글씨를 쓰는 것이 진정 글씨를 잘 쓰는 것이라 생각해 명나라의 글씨체가 유행처럼 번져 갔습니다. 그러나 신사임당은 이런 글씨체를 별로 좋아하지 않았습니다.

격조 예술 작품이나 어떤 물건, 장소에 깃든 고상하고 우아한 품격.

'명나라에서 들어온 이 글씨체들은 너무 장식적이야. 글씨는 사람의 성품을 나타내는 것이거늘, 이처럼 장식적이면 어찌 훌륭한 성품의 소유자라 할 수 있겠어? 서예는 모름지기 인격 수양을 하기 위한 것이니만큼 나는 이 글씨체를 따르지 않고 내 나름대로 혼을 깃들여 써야지.'

그래서인지 신사임당의 글씨체는 당시 유행하던 글씨체와 완전히 달랐습니다. 깔끔하고 정성을 들인 짜임새 있는 글씨체였으며, 글씨에 단아한 기운이 풍겨 났습니다.

이런 글씨체의 특징이 잘 나타나 있는 것이 현재 오죽헌에 있는 '초서 당시오절 6수' 병풍입니다. 중국 당나라 시인들의 시를 글씨로 써서 만든 이 작품은 단아하고 깔끔하면서도 차분한 글씨체로 마치 신사임당의 인품을 보여 주는 것 같다고 극찬받고 있습니다. 글씨의 한쪽에는 여러 사람이 쓴 감상문이 있습니다. 이는 이 작품이 얼마나 뛰어났으며 많은 사람에게 사랑을 받았는지 보여 주는 것이라고 할 수 있

초충도로 만든 병풍 중요 민속 자료 제60호로 숙명여자대학교에 소장되어 있다.

병풍 바람을 막거나 무엇을 가릴 때, 또는 장식용으로 치는 물건. 직사각형의 나무틀에 종이를 바르고 그림이나 글씨를 붙이기도 함.

습니다.

 신사임당의 글씨는 너무나 뛰어났기에 조선 팔도에 널리 알려졌습니다. 많은 사람이 신사임당의 글씨를 따르려 했습니다. 그 결과 신사임당의 서예를 따르는 사람들을 일컫는 '사임당 서파'라는 말까지 생겨났습니다.

 사임당 서파에 속하는 사람들 중에는 대단한 사람도 많았습니다. 그 가운데 가장 먼저 떠오르는 사람이 신사임당의 막내아들 이우입니다. 이우는 어렸을 때 어머니로부터 글씨체를 지도받으며, 서예의 기초를 닦았습니다. 그러니 자연 어머니의 글씨체를 본받아 멋들어진 글씨를 썼습니다.

 또 한 사람은 '한석봉'으로 알려진 석봉 한호입니다. 한호는 조선 시대 최고의 명필로, 1583년에 쓴 《석봉천자문》과 떡 써는 어머니 일화로 잘 알려져 있는 인물입니다. 한호는 예전에 백광훈, 백진남 부자와 친했는데, 이들 부자는 전라도 지방에서 글씨를 잘 쓰기로 소문난 사람들이고, 특히 백진남은 신사임당의 글씨에 영향을 많이 받은 사람이었습니다.

 하루는 석봉이 백광훈의 집을 찾아가 글씨에 대해 이야기를 나누는 중이었습니다.

 "이보게, 이 글씨 좀 보겠는가? 조선의 대학자이신 율곡 대감의 어머니 글씨라네. 정말 잘 쓰지 않았는가?"

"이야, 정말 대단하군! 율곡 대감이 어찌 그리 글씨를 잘 쓰는가 했더니 바로 어머님의 글씨를 닮아서였어! 그러고 보니 뛰어난 서예가로 널리 알려진 이우 대감도 신씨 부인의 아들이지? 정말 대단한 집안이야. 여보게, 내 이 글씨를 잠깐 빌려도 되겠는가? 집에서 보면서 연습하고 싶어 그러네."

이렇게 신사임당의 글씨는 아들 이우를 거쳐, 백광훈, 백진남 부자, 한호에까지 이어지게 되었습니다. 또 후대에도 여러 서예가가 신사임당의 글씨체에 영향받았음을 남겨진 작품을 보면 알 수 있습니다. 조선 시대에 한 사람의 글씨체가 이처럼 많은 사람에게 영향을 미친 경우는 그리 많지 않습니다. 우리가 알고 있는 석봉 한호나 추사 김정희 정도지요.

이와 같이 신사임당의 서예는 예술적으로 일가를 이루었습니다. 그래서 신사임당의 글씨체를 따르는 사람이 많았을 만큼 대단했습니다.

일가 학문, 기술, 예술 분야에서 높은 수준에 이른 상태를 말함.

대관령을 넘으며 친정을 바라보네

어느덧 신사임당의 나이도 서른여덟이 되었습니다. 열아홉 살에 결혼을 했으니 결혼한 지도 어느새 20여 년이 된 셈입니다.

아이들은 강릉 오죽헌의 아름다운 자연에서 마음껏 뛰어놀았으며, 외할아버지가 남겨 놓은 책들을 벗 삼아 글공부에도 열심이었습니다. 특히 집 뒤에 있는 대나무 숲은 아이들이 숨바꼭질을 하며 놀기에 좋았습니다.

그러나 강릉에서의 생활도 접어야 할 때가 다가왔습니다. 어느 날, 한양에서 급한 전갈이 왔습니다.

"마님! 그동안 안녕하셨습니까?"

"어, 그래. 김 서방이구먼. 우리 어머님은 안녕하신가?"

"사실은 저…… 주인마님께서 건강이 많이 안 좋으십니다."

"그래? 많이 편찮으신가?"

"얼마 전 집안일을 하다 쓰러지셨는데, 거동하기가 불편하십니다. 그래서 송구한 말씀이지만, 이제 마님께서 올라가셔야 할 것 같습니다."

"그래, 올라가야겠지. 어머님이 집안을 돌보기 힘드시니 마땅히 내가 올라가 살펴야지."

신사임당은 건강이 악화된 시어머니를 모시기 위해 한양으로 올라가야 했습니다. 이제 한양에 올라가면 다시는 강릉으로 돌아오지 못할 터, 강릉 오죽헌에서 하고 싶은 일을 마음껏 하며 행복하게 살던 시절도 끝인 것입니다.

오죽헌을 떠나기 전날 신사임당은 친정어머니에게 마지막 인사를 드렸습니다.

"어머니, 이제 저는 한양으로 완전히 올라가야 할 것 같아요. 언제 다시 어머니 얼굴을 뵐 수 있을까요?"

"나는 네가 시집을 가고도 이처럼 오래 같이 살 수 있을 것이라고는 생각하지 못했다. 그런데 이렇게 오래도록 같이 살았으니 나는 정말 행복했고 고마웠다. 앞으로 내 걱정일랑 하지 말고 한양으로 올라가 시어머니를 잘 봉양하고 살아라. 나는 오래오래 살 터이니 시간이 지나면 다시 만날 수 있을 게야. 그때까지 몸 건강히 지내도록 해라."

용인 이씨와 신사임당은 밤새 눈물을 흘렸습니다. 어머니가 다시 만날 것을 기약했지만, 그 뒤 모녀는 두 번 다시 만나지 못했습니다. 용인 이씨는 아흔 살까지 장수했으나, 신사임당은 한양으로 올라간 지 10년 만인 마흔여덟 살에 세상을 떠났기 때문입니다.

그래서였을까요? 떠나는 신사임당의 발걸음은 한없이 무겁기만 했습니다. 몇 발자국 걷고 뒤를 돌아보고 또 돌아보고 하다 보니 시간이 많이 지체되었습니다. 대관령 고개도 넘지 못했는데 어느새 날이 저물고 있었습니다.

대관령에서 붉은 노을을 바라보자 그 아름다움에 슬픔이 밀려왔습니다. 하염없이 노을을 바라보던 신사임당의 눈에 또다시 눈물이 고였습니다. 그 슬픈 와중에 시를 하나 지었는데, 그것이 바로 〈대관령을 넘으며 친정을 바라보네〉라는 시입니다.

　　늙으신 어머님을 고향에 두고
　　외로이 한양으로 가는 이 마음
　　돌아보니 북평촌은 아득도 한데
　　흰 구름만 저문 산을 날아 내리네

　　이 시는 신사임당이 남긴 두 편의 시 가운데 한 편입니다. 어머니와 헤어져 눈물로 걸음을 옮기는 신사임당의 애달픈 마음을 뛰어난 감수성으로 노래했다 하여 많은 사람에게 널리 애송된 시입니다.

그리움을 예술로 승화시키다

신사임당은 시댁이 있는 수진방에서 한양 생활을 시작했습니다. 수진방은 지금의 종로구 수송동과 청진동 일대입니다. 한양 생활은 강릉에서만큼 쉽지 않았습니다. 한양으로 오고 나서 바로 다음 해에 막내아들 이우를 출산했습니다. 또 병든 시어머니를 수발하고 남편 뒷바라지를 하며 일곱이나 되는 아이들을 돌보느라 눈코 뜰 새 없이 바빴습니다.

하지만 그런 와중에도 강릉에 혼자 계신 친정어머니 생각이 나는 것은 어쩔 수 없는 일이었습니다. 낮에는 열심히 집안일을 하며 틈틈이 책을 읽기도 하고 그림도 그렸지만, 밤만 되면 친정어머니와 오죽헌 생각에 눈물을 흘렸습니다.

'어머니는 지금 어떻게 계실까? 몸은 건강하신지. 아, 그립구나. 경포대의 바다, 집 뒤 대나무 밭에서 들려오는 바람 소리……. 언제 다시 그리운 그곳에 갈 수 있을까? 언제 다시 어머니 얼굴을 뵐 수 있을까?'

모두 잠든 밤이면 신사임당은 혼자 마루로 나와 달을 바라보며 눈물을 흘렸습니다. 어떤 날은 감정이 격해져 새벽이 되도록 잠을 이루지 못하고 울었습니다.

이러한 그리움은 다시 예술로 승화되었습니다. 친정어머니에 대한 그리운 마음을 주옥같은 시로 써낸 것입니다. 그것이 바로 〈어머니 그리워〉라는 시입니다.

> 산 첩첩 내 고향은 천 리이건만
> 자나 깨나 꿈속에도 돌아가고파
> 한송정 옆에는 외로이 뜬 달
> 경포대 앞에는 한 줄기 바람
> 갈매기는 모래톱에 흩어질락 모일락
> 고깃배들 바다 위로 오고 갈 텐데
> 언제나 강릉 길 다시 밟아 가
> 색동옷 입고 앉아 바느질할꼬

강릉의 아름다운 자연과 어린 시절의 추억, 어머니에 대한 그리움이 절절히 묻어 나는 시입니다. 현재 남아 있는 신사임당의 시는 이 시와 〈대관령을 넘으며 친정을 바라보네〉 두 편뿐인데, 모두 고향과 어머니에 대한 그리움을 뛰어난 감수성으로 표현한 작품입니다. 정말 말 그대로 그리움을 예술로 승화시킨 것이지요.

생각쟁이 열린마당

조선 시대 삼절들

　우리나라 예술가들의 전기를 읽다 보면 자주 접하는 것이 '삼절'이라는 말이다. 삼절은 시와 서예, 그림에 모두 뛰어난 예술가를 뜻하는 것으로, 당시 예술가들 사이에서 최고의 경지에 오른 사람이라 할 수 있다.

　사실 삼절이라는 단어는 우리나라에만 있는 것이 아니다. 삼절의 기원은 중국의 당나라에서 출발한다. 정건이라는 사람은 시 또는 문장, 서예, 그림에 모두 뛰어났는데, 당시 왕인 현종이 그의 재능을 사랑해 그의 작품 말미에 '정건삼절'이라고 서명을 하게 한 데서 비롯된 말이다. 이후 이 단어는 최고의 예술가를 가리키는 말로 널리 퍼지면서 우리나라에까지 이어지게 되었다.

　우리나라에서도 삼절이라는 말은 예술가의 최고 경지를 뜻하는 것이었고, 따라서 예술가들은 누구나 이 말을 듣기 위해 시와 서예, 그림에 몰두했다. 그래서 조선 시대 예술가들 가운데에는 이 위치에 오른 사람이 여럿 있게 되었다.

가장 먼저 강희안을 들 수 있다. 강희안은 조선 초기의 문신으로 세종 때 만들어진 〈용비어천가〉에 주석을 달 정도로 뛰어난 문장력을 지닌 인물이었다. 글씨도 매우 잘 써서 세종 시절 금속활자를 만들 때 활자의 기본이 되는 글씨를 쓰기도 했다. 또한 그림에도 뛰어나 훌륭한 작품을 많이 남겼는데, 그 가운데에서도 '고사관수도'란 작품은 현재 국립중앙박물관에 소장되어 조선 초기 대표작으로 극찬을 받고 있다.

조선 중기 화가인 공재 윤두서도 삼절이라 칭송받는 예술가 중 한 사람이다. 윤두서는 시를 매우 잘 쓰고 글씨에도 능했다고 전해지며, 유학 외에도 경제, 지리, 의학, 음악 등에 뛰어났다고 한다. 특히 탁월한 분야는 그림이었는데, 자화상인 '윤두서상'은 현재 우리나라의 국보 제240호로 지정될 정도로 예술성을 인정받고 있다.

이 밖에도 단원 김홍도의 스승이자 문인 화가인 표암 강세황도 삼절로 손꼽혔으며, 겸재 정선과 매우 친하던 관아재 조영석도 그림과 글씨, 문장에 뛰어난 삼절로 이름을 날린 인물이다.

물론 여기서 언급하지 않은 사람들 중에도 삼절로 알려진 사람은 꽤 많다. 신사임당 역시 그 가운데 한 사람이다. 사실 한 가지 분야에서 뛰어난 능력을 발휘하는 것도 힘든데, 세 가지 분야에서 뛰어나기란 결코 쉬운 일

이 아니다. 어쩌면 자신이 좋아하고 잘하는 분야 하나만 열심히 했다면 더욱 훌륭한 실력을 발휘할 수도 있었을 것이다.

그럼에도 많은 예술가가 삼절이라는 칭호를 얻고 싶어 한 이유는 무엇일까? 그것은 당시 철학 사상과 관련이 깊다. 동양의 오랜 철학 사상에는 '서화일체'라는 것이 있다. 서화일체 사상은 글과 그림의 근본이 같다는 것이다. 즉, 글과 그림은 모두 붓에서 나오는 것이고, 글을 쓸 때나 그림을 그릴 때 지향하는 목적도 모두 같다는 의미다. 그렇기에 붓과 관련된 모든 것, 즉 시와 서예, 그림에 모두 능해야만 진정한 예술가의 경지에 이를 수 있다고 여겼다. 이 때문에 많은 예술가가 시와 서예, 그림에 모두 능하고자 노력을 한 것이다.

물론 이 기준은 지금은 통하지 않는다. 화가는 그림, 조각가는 조각, 서예가는 서예에만 뛰어나면 훌륭한 예술가로 평가된다. 이처럼 위대한 예술가에 대한 기준도 시대와 사상에 따라 변하게 마련이다.

꽃과 새 그리고 풀과 벌레,
살아 있는 그림의 세계

신사임당은 최고의 화가!

이제 신사임당의 그림 세계로 들어가 보도록 하겠습니다. 사실 신사임당이 지금껏 현모양처로만 알려져 있다가 뛰어난 예술가였음이 밝혀진 것은 바로 이 그림들 덕분입니다. 신사임당의 그림은 다른 화가들의 그림에서는 볼 수 없는 독특한 면이 있습니다. 남자들은 감히 흉내 낼 수 없는 섬세함과 우아한 아름다움이 최고의 경지에 달했다 해도 지나친 말이 아닐 것입니다. 부드러우면서도 아름다운 채색과 세부적인 면까지 꼼꼼하게 그리는 화법은 다른 화가들은 감히 따라 하기조차 힘든 것이었습니다.

이러한 재능은 신사임당이 어려서부터 나타났습니다. 앞서도 말했듯이 일곱 살의 어린 나이에 조선 시대 최고의 화가인 안견의 그림을 그럴듯하게 베낀 것도 신사임당의 천재성을 보여 주는 중요한 일화라 할 수 있겠지요.

이렇듯 뛰어난 예술성을 지닌 신사임당의 그림이 세상에 널리 알려지게 되었습니다. 여자의 몸이지만 천재적인 그림 솜씨는 감출 수가 없었나 봅니다. 심지어 화가 신사임당의 이름은 책에도 소개되기에 이릅니다. 신사임당과 비슷한 시기에 활동한 어숙권이라는 사람은 《패관잡기》라는 유명한 책을 썼습니다. 《패관잡기》는 당시 사람들이 쓴 수필이나 그림, 시 중 뛰어난 것들을 소개한 책인데, 거기에 신사임당에 대해 이렇게 언급되어 있습니다.

지금 평산 신씨 사임당은 그림을 잘 그리는 것으로 널리 이름이 나 있다. 신씨는 어렸을 때부터 그림을 잘 그렸으며, 특히 포도 그림과 산수화는 더욱 뛰어나서 평가하는 사람들이 조선 시대 최고의 화가인 안견에 버금간다고 했다. 이 정도이니 어찌 여자의 그림이라고 하여 소홀히 여길 수 있겠는가?

어숙권은 신사임당의 그림 솜씨가 타의 추종을 불허하며, 오직 비교할 만한 사람은 조선 시대 최고의 화가인 안견뿐이라 말하고 있습니다.

이렇듯 신사임당의 그림 솜씨는 살아 있을 당시에 이미 세상에 널리 알려져 있었습니다. 단지 여성이 그림을 잘 그렸다는 것이 아니라 당시 활동하던 화가들 가운데에서도 단연 으뜸이었음을 알려 주는 일화입니다.

꽃과 새, 풀과 벌레

신사임당은 특히 꽃과 새 그림인 화조도, 풀과 벌레 그림인 초충도를 매우 잘 그렸습니다. 현재 남아 있는 신사임당의 그림 중 가장 많은 것이 바로 초충도와 화조도입니다. 이들 그림은 단순하지만 깔끔한 형태와 고운 색으로 그려져 있는 것이 특징입니다.

그런데 신사임당은 왜 이렇게 초충도와 화조도를 많이 그렸을까요? 거기에는 두 가지 이유가 있습니다.

첫째, 신사임당은 여자였기 때문에 마음껏 여행을 하기가 힘들었습니다. 남자들은 세상을 구경하기 위해 몇 달, 혹은 몇 년씩 온 나라 안을 돌아다니며 여행을 즐길 수 있었지만, 여자들은 불가능했습니다. 이 때문에 신사임당이 그림을 그릴 때 가장 많이 참고할 수 있는 것은 마당에 있는 것들이었습니다. 꽃과 채소, 이름 모를 잡초,

그 사이를 다니는 벌레가 거의 전부였다고 해도 지나친 말이 아닙니다. 그렇기에 이런 것들이 신사임당이 그린 그림의 주된 소재가 된 것입니다.

그러나 그것만이 전부는 아니었습니다. 당시 신사임당의 그림을 필요로 하는 사람은 대부분 여자들이었습니다.

"부인, 선과 색이 참으로 아름답습니다! 이야, 어쩜 이렇게 생생하게 그리실 수가 있죠? 정말 대단해요!"

"혹시 부인의 그림을 하나 얻을 수 없을까요? 사실 제가 비단을 준비해 왔는데 여기에 그림을 그려 주시면, 제가 자수를 하려고요."

"저도 하나만 그려 주시면 고맙겠는데……. 부인께서 그려 준 그림에 자수를 해서 이불을 만들어 시어머니께 드렸더니 어찌나 좋아하시던지. 이번에는 남편에게 하나 만들어 주고 싶어서요. 어떻게 안 될까요?"

조선 시대 여성들은 자수하는 것을 즐겼습니다. 자수를 해서 옷도 만들고 부모님의 침구도 만들었지요. 그러니 자수를 잘하는 여인을 높이 평가하는 것은 당연했습니다.

당시 자수 문양으로 유행하던 것은 나비와 새, 꽃과 벌레 등이었습니다. 그런데 자수를 잘하려면 그 밑바탕이 되는 그림을 잘 그려야만 했습니다. 밑그림이 좋아야 그 위에 자수를 잘할 수 있으니까요.

그러나 당시 여자들은 그림 그리는 법을 제대로 배우지 못했기 때문에 좋은 밑그림을 그릴 수 없었습니다. 그렇다고 자수 그림을 남편이나 화가들에게 함부로 그려 달라고 하기도 힘들었지요. 남자들은 자수 그림을 높이 평가하지 않았습니다. 자고로 산수화처럼 격이 높은 것을 그려야 한다고 생각했지요.

그런 이유로 부인들은 신사임당에게 부탁을 많이 했습니다. 신사임당은 같은 여자인 데다 그림 솜씨도 세상에 널리 알려질 정도로 뛰어났으니, 신사임당이 그려 준 그림에 자수를 하면 매우 멋진 작품이 나올 수 있었습니다. 신사임당도 그 사실을 잘 알고 있기에 사람들이 부탁을 해 오면 흔쾌히 그림을 그려 주었답니다. 또 자기도 어머니 용인 이씨에게서 배운 자수 실력이 뛰어났기에 종종 자수를 했습니다.

신사임당의 자수 실력을 알 수 있는 작품이 현재까지도 남아 있습니다. 부산 동아대학교 박물관에는 신사임당이 그림을 그리고 자수를 한 것으로 생각되는 초충도 자수 병풍이 전시되어 있습니다. 검은 비단에 꽃과 나비, 벌레 등을 그리고 자수를 한 것이 무척 아름다워 현재 보물로 지정되어 있을 정도입니다.

신사임당에게 그림을 받은 여인들은 집에 돌아가 아름다운 자수 작품을 만들어 냈습니다. 이 때문에 입 소문을 타고 신사임당의 그림 솜씨가 더 널리 퍼지게 되었답니다.

"부인, 무엇을 하고 있소?"

"예, 자수를 하고 있어요. 얼마 전 신씨 부인에게 그림을 받았는데, 무척이나 아름다워서 마치 꽃과 새가 살아 있는 것 같다니까요. 없는 솜씨지만 저도 자수를 열심히 해 보려고요."

"어디 한번 봅시다. 오, 대단한 걸! 정말 이게 신씨 부인의 솜씨요?"

"그렇다니까요. 신씨 부인은 어질고 덕망이 높아서 이 동네 부인들이 부탁을 하면 흔쾌히 그림을 그려 주지요."

"아니, 이건 예사 그림이 아니오. 그냥 자수의 밑바탕이라 생각할 수 없소. 이 그림은 중국의 어떤 화조도보다 뛰어나오. 요즘 화가들은 중국의 그림을 그저 베끼는 데 급급한데, 이 작품은 섬세하고 아름다우면서도 기품이 있어요. 부인, 그림 좀 이리 줘 보시오. 내

초충도 자수 병풍 보물 제595호로 부산 동아대학교에 소장되어 있다. 위의 사진은 8폭 병풍 중 6폭에 해당된다.

이걸 정성스레 표구를 해서 벽에 걸어 놓고 사람들에게 보여 줘야겠소!"

신사임당의 초충도와 화조도는 자수의 밑그림으로 시작되었지만, 아름답고 독창적이라서 점차 예술품으로 널리 알려지게 되었습니다.

표구 그림의 뒷면이나 테두리에 종이 또는 천을 발라서 꾸미는 일.

비단 치마에 그림을 그리다

신사임당이 그림을 잘 그렸다는 사실은 전해 오는 여러 이야기를 통해서도 알 수 있습니다. 강릉에 살던 어느 날, 동네에 결혼 잔치가 있었습니다. 당시에는 결혼이 동네의 큰 잔치였기에 근방의 여자들은 잔칫집에 가서 여러 가지 일을 도와주었지요. 사임당도 어머니, 자매들과 함께 잔칫집에 가서 일손을 거들었습니다.

잔치는 성대하게 진행되었습니다. 사람들은 먹고 마시고 즐겼으며, 여인네들은 음식을 하고 설거지를 하느라 정신이 없었습니다. 그런데 순간 일이 벌어졌습니다.

"에구머니!"

잔치를 도와주고 있던 한 여인네 치마에 그만 국이 쏟아졌습니다.

"아이고, 큰일 났네! 빨리 치마를 벗어요, 데기 전에!"

다급하게 치마를 벗어 일은 수습이 되었지만, 치마를 버린 여인네는 방 한구석에서 울고 있었습니다.

사실 그 여인네는 가난한 살림이라 형편이 어려웠습니다. 그래서 잔칫집에서 일을 거들어 주고 먹을 것을 좀 얻어다가 아이들에게 먹이려고 온 것이었습니다. 그런데 잔칫집에 입고 갈 마땅한 옷이 없었습니다. 여인네는 동네의 부잣집에 가서 비단 치마를 한 벌 빌렸습니다. 남의 귀한 결혼 잔치에 초라한 행색으로 갈 수는 없었기 때문이지요.

그런데 그만 거기에 국을 쏟은 것입니다. 비단은 물로 빨 수도 없었습니다. 옷이 더러워지면 빨지 못하고 버려야 했지요. 여인네는 빌린 비단 치마를 물어 줄 돈도 없었기에 막막하기만 했습니다.

그때 신사임당이 울고 있는 여인네에게 다가갔습니다.

"아주머니, 그 치마를 제게 줘 보시겠어요?"

"아니, 다 버린 치마를 어떻게 하려고요? 아이고, 어떡하나. 이 귀한 비단 치마를 버렸으니 어떻게 갚을꼬?"

"잠시만 줘 보세요."

신사임당은 비단 치마를 들고 방으로 들어갔습니다. 그리고 먹을 준비한 다음 비단 치마에 그림을 그리기 시작했습니다.

"아이고, 버린 비단을 어떡하려고 그래요? 가뜩이나 국을 쏟아서 어찌해야 하나 막막한데…….”

"잠시만 기다려 보세요."

신사임당은 비단 치마 위에 먹으로 포도를 그리기 시작했습니다. 주렁주렁 포도송이를 그리고, 훌훌 휘감기는 줄기도 멋들어지게 표현했습니다. 잠시 뒤, 비단 치마 위에는 멋진 묵포도 그림이 그려졌습니다. 주변 사람들의 입에서 저절로 탄성이 터져 나왔습니다.

"어쩌면 저리도 재주가 뛰어날꼬! 정말 대단해. 어떻게 포도송이를 저토록 탐스럽게 그렸을꼬?"

마침 그 방 앞을 지나가던 한 사람이 사임당이 그린 포도송이 그림을 보았습니다.

"정말 잘 그렸네. 포도송이가 주렁주렁 열린 것은 자손을 많이 낳아 가문이 번창한다는 의미일 터. 우리 집에 이 멋들어진 그림을 걸어 놓으면 우리 가문도 번창할 수 있겠는걸? 혹 그 그림을 나에게 넘길 수 있는가?"

그 사람은 후한 값을 치르고 치마폭에 그린 포도 그림을 사 갔습니다. 비단 스무 필은 너끈히 살 수 있는 돈이었습니다. 신사임당은 그 돈을 기꺼이 여인네에게 주었습니다.

"아주머니, 이거면 치마를 빌린 분에게 변상할 수 있을 거예요. 그리고 나머지는 맛있는 것을 사서 아이들에게 주도록 하세요."

"고마워요. 그림 솜씨도 뛰어난데 마음씨까지 비단결이라니!"

"아닙니다. 어서 아이들에게 가 보세요."

또 이런 일도 있었습니다. 신사임당이 이원수와 결혼한 뒤 한양에서 살고 있을 때의 일입니다. 이원수는 아내 신사임당의 예술적 재능이 뛰어난 것을 자랑스럽게 생각하고 있었습니다. 그러나 당시에는 아내를 다른 사람에게 자랑하면 팔불출이라고 손가락질을 받았기 때문에 표현을 할 수 없었습니다. 이원수는 그것이 너무나 답답했지요.

> **팔불출** 몹시 어리석은 사람을 이르는 말로서 좀 모자란 것을 의미함.

그러던 어느 날, 이원수는 친구들과 술자리를 갖게 되었습니다. 얼큰하게 취한 나머지 친구들에게 아내 자랑을 시작했습니다.

"이보게들, 내 아내가 그림을 얼마나 잘 그리는지 아는가? 산을 그리면 경치가 마치 생생하게 보이는 듯하고, 꽃을 그리면 그림에서 향기가 난다네!"

"에이, 이보게! 허풍이 심하네. 부인이 그림을 얼마나 잘 그린다고 그러는가? 그럼, 그러지 말고 한번 보세. 얼마나 잘 그리는지!"

"알았네. 내 보여 주도록 하지. 이보게, 부인! 당신이 내 친구들을 위해 그림 하나 그려 와 보시오!"

사람들은 이원수를 부추겼습니다. 하지만 사실 친구들의 속셈은 다른 데 있었습니다. 친구들은 신사임당이 그림을 잘 그린다는 것을 알고 있었습니다. 그래서 만약 신사임당이 그림을 그려 오면 그 그림을 가지고 가서 다른 사람들에게 팔고, 가져오지 않는다면 이원수를 거짓말쟁이라 놀리려 한 것입니다.

신사임당은 남편 친구들의 속셈을 알고 있었습니다. 술에 취해 그런 얕은꾀에 넘어간 남편이 야속했지만, 그렇다고 그림을 그리지 않을 수도 없었습니다.

신사임당은 생각했습니다.

'어떻게 할까? 그림을 그리자니 내 그림을 팔아 술이나 마시려는 친구들의 속셈이 싫고, 그려 주지 않자니 분명 남편을 거짓말쟁이로 만들게 될 것이고. 어찌할까? 아, 그러면 되겠구나!'

신사임당은 얼른 가서 먹으로 포도를 탐스럽게 그렸습니다. 먹으로만 그리고 색을 칠하지 않았지만 탐스럽게 매달린 포도송이는 하나 따 먹고 싶을 정도였습니다. 신사임당은 그림을 가지고 술자리가 벌어진 방으로 들어갔습니다.

"아니, 이게 뭔가?"

술자리에 앉아 있던 사람들은 깜짝 놀랐습니다. 그림도 무척 잘 그리긴 했지만, 놀란 것은 그 포도송이가 놋 쟁반에 그려져 있었기 때문입니다. 놋 쟁반에 그려진 그림은 감상은 할 수 있지만, 들고 갈

수는 없었습니다.

　친구들은 자신들의 속셈을 신사임당에게 들킨 것 같아 부끄러웠습니다. 이원수도 마찬가지였습니다. 술에 취해 허세를 부렸지만 정신을 차리고 나니 이럴 수도 저럴 수도 없어 전전긍긍했습니다. 그러다 신사임당이 놋 쟁반에 그림을 그려 오니 안도의 한숨을 내쉬는 한편, 신사임당에게 미안한 마음이 들었습니다.

　이처럼 신사임당은 곤란한 상황도 지혜롭게 잘 넘기는 재치 있는 여성이었습니다.

후대 사람들이 말하는 신사임당의 그림

　이렇듯 신사임당은 자신의 재능을 잘 발휘해 후세에 길이 남을 작품을 많이 만들어 냈습니다. 신사임당이 세상을 떠난 뒤에도 그림은 많은 사람에게 칭송을 받았습니다. 신사임당 살아생전에 그림을 받은 사람들은 가보로 고이 간직했고, 받지 못한 사람들은 어떻게 해서든 그림을 얻으려고 노력했습니다. 이로 미루어 보아 신사임당의 그림이 얼마나 높은 수준에 이르렀는지 쉽게 짐작할 수 있을 것입니다.

　화가 신사임당의 이름은 왕실에까지 알려지게 되었습니다. 어느

가보 한 집안에서 대를 물려 전해 오거나 전해질 귀한 물건.

날 숙종이 장인인 경은 부원군 김주신의 집을 방문했습니다. 숙종은 대접을 받은 뒤 골동품이며 그림을 감상했습니다. 그러다 눈에 번쩍 띄는 그림을 발견했습니다.

"장인어른, 이게 누구의 그림이오? 풀이랑 벌레랑 아주 실물과 똑같이 그렸구려! 아니야, 이건 실물보다 훨씬 생생해! 풀과 벌레에 담긴 자연의 이치까지 화폭에 담지 않았는가!"

"이 그림은 옛날 사임당 신씨 부인의 작품입니다. 신씨 부인은 꽃과 새, 풀과 벌레의 그림을 잘 그려 지금껏 이름이 알려져 있습니다. 신씨 부인의 그림 솜씨가 워낙 뛰어나 그림을 마당에 던졌더니 지나가던 닭들이 살아 있는 벌레인 줄 알고 쪼아 먹었다는 이야기도 전해져 옵니다."

"아, 조선의 대학자인 율곡 이이의 어머님을 말씀하시는구려! 내 신씨 부인의 그림 솜씨가 뛰어났다는 말은 들었지만, 이 정도일 줄은 몰랐소. 신씨 부인을 자식을 잘 키운 현모양처로만 알고 있었는데, 그림 솜씨도 뛰어났구려! 신씨 부인은 예술가라 할 수 있겠소! 장인어른, 내 이 그림을 잠시 빌려 가야겠소. 궁궐에 들어가 화원에게 모사하게 하여 곁에 두고 차분히 감상하고 싶구려."

"그러시지요."

모사 어떤 대상을 그 모습 그대로 그림. 또는 그런 그림을 말함.

숙종은 그림을 궁궐로 가져갔습니다. 그리고 궁궐의 일류 화가들에게 신사임당의 그림을 똑같이 그리게 한 뒤 병풍으로 만들게 했습니다. 하지만 어떤 화가의 그림도 신사임당이 그려 낸 그림에는 견줄 수가 없었습니다.

숙종은 그림을 돌려주며 안타까운 나머지 신사임당의 초충도에 다음과 같은 시를 한 편 써서 보냈습니다.

풀이랑 벌레랑 실물과 똑같구나
부인의 솜씨인데 이처럼 묘하다니
하나 모사해서 궁궐 안에 병풍으로 만들었네
아깝구나, 빠진 한 폭 다시 하나 그릴 수밖에
채색만을 썼는데도 한층 더 아름답네
이것이 그 무슨 법이런가
몰골법˙이 이것일세

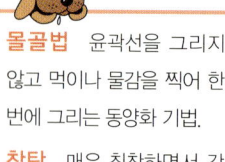

몰골법 윤곽선을 그리지 않고 먹이나 물감을 찍어 한 번에 그리는 동양화 기법.
찬탄 매우 칭찬하면서 감탄을 함.

숙종의 찬탄˙처럼 신사임당의 그림은 세월이 흐르면서 더욱 높이 평가되었습니다. 또 후대에 김진규라는 사람은 신사임당의 그림을 보고 다음과 같이 말했습니다.

"신사임당이 그린 풀, 벌레, 나비, 꽃, 오이 등은 마치 실물과 똑같구나! 아니, 그 속에 담긴 자연의 이치까지 그려 내어 화폭 속이 마치 살아 숨 쉬는 것 같아. 이런 그림 솜씨는 아무에게서나 나오는 것이 아니지. 요즘 그림깨나 그린다고 붓이나 핥고 먹이나 빠는 저속한 화가들은 결코 따라갈 수 없는 수준이야!"

이런 평가에서도 알 수 있듯이 신사임당은 단순히 현모양처만은 아니었습니다. 조선 시대를 주름잡던 화가이자 시와 글씨에도 뛰어난 예술가였습니다. 요즘 사람들은 신사임당을 '시서화 삼절'이라 부르고 있습니다. 시와 서예, 그림에서 당대는 물론 후대 사람들도 쉽게 따를 수 없는 경지를 개척한 예술가였던 것입니다.

생각쟁이 열린마당

옛 그림 감상법

　우리는 가끔 박물관이나 미술관에 가서 전시되어 있는 많은 옛 그림을 보게 된다. 그러나 솔직히 그 그림들 중 우리의 마음에 꼭 드는 작품이 얼마나 될까? 아마 그리 많지 않을 것이다. 외국 화가들의 작품을 보면 화려한 채색에 눈을 돌리게 되지만, 우리나라 그림은 채색은 그리 많지 않고 먹으로만 그린 것이 대부분이며, 또 그림에 따라서는 화면 한구석에 어려운 한자로 글이 쓰여 있는 것도 많다. 그렇기 때문에 옛 그림을 보면 괜히 어려움을 느끼게 되고, 재미가 없는 것일지도 모르겠다.

　그러나 옛 그림에 대한 생각을 조금만 바꾸고, 왜 이렇게 그렸는지 이해할 수 있다면 좀 더 쉽게 감상할 수 있다.

　우선 옛 그림의 특징에 대해 살펴보자. 옛 그림의 큰 특징 중 하나가 색칠을 많이 하지 않고 먹으로만 그린다는 것이다. 물론 우리나라 옛 그림 중에서도 색을 많이 쓴 작품이 많다. 이름 모를 화가들이 일반 대중을 위해 그린 민화라든지, 궁중에서 방을 장식하거나 예식에 쓰기 위해 그린 궁중 회화

는 '진채'라 하여 화려한 색을 많이 썼다. 그러나 일반 그림에는 채색을 하지 않거나 하더라도 '담채'라 하여 옅게 칠하는 것에서 그쳤다.

그 이유는 바로 그림에 대한 우리 조상들의 생각 때문이다. 조상들은 그림을 선비들이 공부를 하다 쉬는 시간에 인격을 수양하기 위해 그리는 것으로 생각했다. 그렇기 때문에 그림에 너무 많은 시간을 할애하거나 기교를 부리는 것을 좋지 않게 여겼다.

선비들에게 있어 좋은 그림이란 잘 그린 그림이 아니라 그 속에 자신의 생각이나 사상을 잘 표현한 것을 뜻했다. 이러한 그림들을 '문인화'라 하여 최고의 경지에 이른 것이라 생각했다. 그래서 선비들이 그린 그림에는 채색이 없거나 적게 칠해지고, 그림 한구석에 어려운 시나 문장들이 적혀 있게 된 것이다.

그림의 소재 역시 산과 물이 대부분이었다. 물론 우리가 잘 아는 단원 김홍도는 서민들의 생활이 담긴 풍속화를 그렸지만, 전체 그림의 역사를 보면 이는 일부분에 불과하고 산수를 그린 것이 많았다.

이는 당시 문인들의 사상과도 이어진다. 조선 시대 주된 사상은 유교였으나, 선비들은 그와 더불어 도가 사상에도 많이 빠져 있었다. 도가 사상은 중국의 고대 철학자인 노자와 장자가 만든 것으로, 자연과 더불어 사는 삶을 추구했다. 따라서 조선 시대 선비들은 젊은 시절에는 유교 사상을 열심히 갈고닦아 나라에 충성하는 삶을 살고, 은퇴하고 나서는 깊은 산속에 묻혀 자연과 더불어 살아가길 원했다.

 그러나 현실적으로 깊은 산속에 묻혀 살아가는 것은 어려운 일이었다. 그런 이유로 선비들은 깊은 산속에 묻혀 사는 인물들을 그리면서 대리 만족을 얻는 경우가 많았다. 이 때문에 산수화가 많아진 것이다.

 이처럼 옛 그림들은 당시 시대 상황과 사람들의 생각을 반영한 것이 많다. 오늘을 사는 우리들 역시 이런 점을 생각하고, 만약 박물관에 가서 옛 그림들을 보게 된다면 옛사람들이 어떤 생각으로 이러한 그림들을 그리게 되었는지 곰곰이 생각해 보는 것도 좋은 감상법 중 하나다.

끝나지 않은 신사임당의 예술혼과 발자취

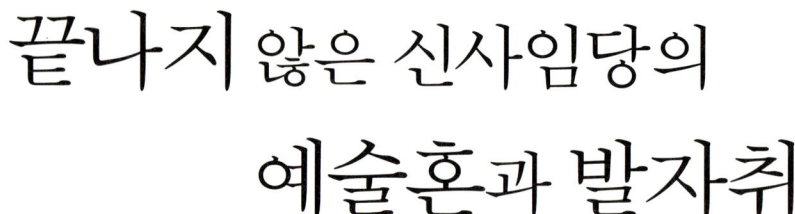

"내가 죽거든 새장가를 들지 마십시오"

"노을이 진 가을 하늘을 날아가는 기러기가 정말 아름답고 쓸쓸하구나!"

신사임당은 툇마루에 나와 문득 하늘을 바라보았습니다. 큰 아이들은 글공부를 하고 어린 자식들은 꼬물꼬물 놀이에 빠져 있어 오랜만에 하늘을 바라보며 감상에 젖었습니다. 가족에 대한 희생과 사랑으로 아파도 아픈 줄 모르고 열심히 살아온 나날이었습니다. 마흔을 바라보는 나이가 되자 가뜩이나 허약하던 몸이 자주 병들어 쓸쓸한 생각이 들었습니다.

'세월은 유수와 같다고 했거늘, 세월 가는 것도 모르고 아이들이 총명하게 잘 자라는 것을 행복으로 알고 살았지. 지난 세월을 돌아보니 참으로 꿈만 같구나. 그나저나 내가 오래 살아야 아이들을 잘 돌볼 텐데, 이렇게 몸이 자꾸 아프고 병이 나니 마음도 약해지고 점점 자신이 없구나.'

신사임당은 안 그래도 약한 몸이 자꾸 아프자 점점 자신이 없어졌습니다. 자기가 오래 살 수 없을 것 같다는 예감이 들어 남편과 아이들이 걱정되었습니다. 만약 자기가 먼저 죽으면 심지가 약한 남편이 혼자 아이들을 돌보면서 집안을 잘 이끌어 갈 수 있을지 걱정이 되었던 것입니다.

그런 불안감이 현실로 드러나는 것 같아 신사임당은 어느 날 조용히 남편을 불렀습니다.

"서방님, 제 몸이 허약해서 당신을 끝까지 지켜 드리지 못할 것 같아요. 혹 제가 먼저 세상을 떠나더라도 우리 아이들을 위해서 새장가를 들지 마십시오. 부탁입니다."

"무슨 소리요? 당신이 뭐가 어떻다고 그런 불길한 이야기를 한단 말이오?"

이원수는 당황해 신사임당을 나무랐습니다.

"당신과 내가 만나 총명하고 착한 아이를 일곱이나 두었으니 남부러울 것이 없지요. 아이를 하나씩 얻을 때마다 세상을 다 얻은 것

《예기》 사람이 지켜야 할 도리인 예의 이론과 실제를 기술한 오경의 하나.

계모 아버지가 재혼을 해서 얻은 아내. 새어머니라고도 함.

처럼 기쁘고 행복했습니다. 이 아이들을 지금처럼 잘 교육하고 부모로서 본을 보인다면 모두 훌륭하게 장성할 것입니다. 《예기》에서도 충고한 바와 같이 그 교훈을 잊지 말아 주세요. 우리 아이들을 위해 제 부탁을 꼭 들어주십시오."

신사임당은 남편에게 조용하고도 단호하게 아이들의 미래를 부탁했습니다. 만약 계모가 들어오게 된다면 일곱 아이를 사랑으로 잘 키워 내는 것이 현실적으로 매우 어려운 일이라는 것을 잘 알았기 때문입니다.

"허, 멀쩡한 사람이 별 걱정을 다 하는구려. 먼 미래의 일을 미리 걱정하면 무엇 하겠소? 그런 일일랑 염려 놓으시오. 그런데 부인, 성인이라 일컬어지는 공자님도 자기 아내를 내쫓았다는데, 대체 어떤 연유에서 그랬는지 궁금하오."

이원수는 아내가 일어나지도 않은 일을 미리 걱정하며 옛날의 고루한 가르침만 강요하는 것 같아 기분이 언짢았습니다. 성인이라는 공자님도 아내를 내쫓았다는데 어찌 케케묵은 옛사람들의 가르침만을 따를 수 있겠느냐는 반문이었지요.

신사임당은 조용히 눈을 내리깔고 깊은숨을 내쉰 뒤 입을 열었습니다.

"노나라 때의 일입니다. 공자님께서 큰 난리를 피해 제나라의 이계라는 곳으로 피난을 가셨지요. 그런데 공자님의 부인은 남편을 따라가지 않고 송나라로 혼자 피난을 가 버린 것입니다. 그러니 난리가 끝났을 때 공자님께서 단지 그 부인과 함께 살지 않았을 뿐 결코 부인을 내쫓은 것은 아니지요."

제대로 알지도 못한 채 큰소리를 친 것 같아 이원수는 괜히 부끄러웠습니다. 그래서 헛기침을 하고 더 큰 목소리로 호통을 치듯 물었습니다.

"허허, 이건 또 어찌 된 일이오? 대유학자인 증자께서도 아내를 내쫓았지 않소?"

신사임당은 마치 기다렸다는 듯이 차분한 목소리로 조목조목 설명을 했습니다.

> 증자(기원전 505~기원전 436?) 중국 노나라의 유학자. 공자의 사상을 이었고, 그의 가르침은 맹자에게 전해짐.

"맞습니다. 증자가 아내를 내쫓은 것은 사실이지요. 그러나 증자가 단순히 아내가 싫어져서 내쫓은 것이 아닙니다. 아버지에 대한 효성 때문에 어쩔 수 없는 선택이었습니다. 증자의 아버지가 좋아하는 음식이 배를 찐 것인데, 증자의 아내는 솜씨가 부족해 언제나 배를 잘 쪄 내지 못했지요. 그래서 부모를 제대로 봉양할 수 없었습니다. 그런 일이 자꾸 이어지자 효자인 증자는 부모님을 위해 힘든 판단을 내렸고, 그래서 아내를 내보낸 것입니다. 그러나 아내를 내보낸 뒤에도 결혼에 대한 신의를 위해 다시 결혼하지 않았고, 혼자 부모님을 지극하게 잘 모시며 살았습니다."

신사임당은 이야기를 술술 이어 나갔습니다.

"그럼 주자는 어찌 된 일이오?"

"주자의 아내는 맏아들 숙이 장가를 들기도 전인 어린 나이에 세상을 떠났습니다. 그때 주자의 나이는 마흔일곱이었고, 혼자 살아가기에는 어려움이 많았음에도 결코 후처를 들이지 않았지요."

"음……."

차분하게 조목조목 이야기를 풀어 놓는 사려 깊은 신사임당 앞에서 이원수는 더 할 말이 없었습니다.

"부디 제 말을 잊지 말아 주십시오."

신사임당은 간절한 마음으로 남편에게 부탁했습니다. 세상 무엇과도 바꿀 수 없고 자신의 목숨보다 소중한 자식들의 미래가 걱정되었기 때문입니다.

조선 시대에 남자들은 부인이 있어도 후처를 들일 수 있었습니다. 만약 부인이 그것을 반대하면 질투를 하기 때문이라고 생각했습니다. 그러나 신사임당은 달랐습니다. 자기가 죽고 나서 후처를 들이지 말라고 한 신사임당의 부탁은 자식들을 위한 간절한 모성이었고, 현명한 선견지명이었던 것이지요.

남편이 벼슬길에 오르다

"부인! 부인, 어서 나와 보시오!"

어느 날, 이원수가 수염을 휘날리며 헐레벌떡 뛰어 들어와 신사임당을 다급하게 불렀습니다.

"부인, 어디 있소!"

"대체 무슨 일로 이리 소란이십니까?"

"어디 한번 맞혀 보시오. 내가 왜 이리 소란인지, 껄껄……."

이원수가 기분 좋게 너털웃음을 치며 너스레를 떨었습니다.

신사임당은 남편이 또 무슨 일을 저지른 것이 아닌가 하는 생각에 가슴이 철렁 내려앉았습니다.

"약주를 과하게 드신 겁니까? 아니면 또 무슨 일이라도……."

"당신은 공연히 걱정만 하는구려. 나쁜 일이 아니니 어서 맞혀 보시오."

신사임당은 일을 하다 말고 온 터라 대수롭지 않게 받아들였습니다.

"현룡이에게 또 무슨 좋은 일이 생긴 겁니까?"

"하하, 이번에는 내 차례요. 내가 벼슬길에 오르게 되었소."

"예? 벼슬이라고요?"

신사임당은 믿어지지 않는다는 듯 이원수를 빤히 바라보았습니다.

"믿어지지가 않소? 수운판관이라는 벼슬인데 그리 높은 자리는 아니지만, 이제야 나도 당신이나 아이들에게 떳떳할 수 있을 것 같소. 열세 살에 과거에 급제한 아들에게는 민망한 일이지만요. 부인, 내 나이 쉰 줄에 이제야 볕이 들려나 보오. 허허허……."

"이렇게 기쁜 일이! 서방님, 정말로 축하드리옵니다!"

신사임당은 남편이 벼슬길에 올랐다는 사실에 눈물이 날 듯 기뻤습니다.

"이런 날이 오기를 얼마나 간절히 바랐는지 모릅니다. 이제 죽어도 여한이 없겠습니다."

"이렇게 기쁜 날, 그게 무슨 소리요? 다 당신 덕분이오."

평생 변변한 직업도 없는 남편을 격려하고 때로는 가르치며 가난한 살림을 이끌어 온 신사임당은 가슴이 벅차올랐습니다. 총명하고 재기 넘치는 자식들 앞에서 떳떳하지 못하던 이원수도 큰소리를 쳤습니다. 불과 열세 살의 나이로 율곡이 과거에 급제를 한 지 얼마 지나지 않아, 집안에 경사가 겹친 것이지요.

수운판관은 그리 높은 벼슬은 아니지만 실제 현장을 돌아보며 일을 하는 직책이었습니다. 조선 시대에는 각 지방에서 세금으로 곡식을 거두었는데, 그 곡식을 배에 실어 한양으로 운반해 오는 일을 감독하는 자리였습니다. 당시에는 평안도와 전라도, 경상도에서 쌀을 배에 실어 한강을 통해 마포, 서강나루로 운반해 왔습니다.

"부인, 이제 내가 자리도 잡았으니 우리 좋은 곳으로 이사를 갑시다. 여기는 집도 좁고 너무 낡아 답답하지 않소?"
"정이 많이 든 집인데……."
"여기서 어언 10년 가까이 살며 아이들도 늘었으니, 더 좋은 환경에서 공부하도록 새 둥지를 틉시다."
"아이들을 위해서라면 그렇게 하지요."

지금껏 살던 집은 낡고 오래되었지만 손끝이 맵고 재주가 많은 신사임당이 곳곳을 정성스럽게 가꾸어 놓은 집이었습니다. 한양에 올라와 처음으로 산 집이니 정이 많이 들어 서운하고 아쉬웠지만, 좋은 일로 이사를 하게 되니 보람이 있었습니다. 집이라는 것은 사람의 손때가 타서 오래될수록 사는 사람들을 닮게 마련입니다. 신사임당의 아름다운 손끝이 빚어낸 집은 얼마나 살뜰한 정취를 뽐냈겠습니까.

얼마 뒤 신사임당 가족은 한양의 삼청동으로 이사해 새 둥지를 틀었습니다. 이사를 하고 새로운 환경에 적응해 겨우 지친 몸과 마음을 추스르고 있을 때였습니다.

그즈음 이원수는 평안도 지방으로 출장을 가서 세금으로 곡식을 거두어 오라는 명령을 받았습니다.

"부인, 평안도로 출장을 가야 할 일이 생겼소. 이사한 지 얼마 되지 않아 아직 집 안도 어수선한데, 한 달이나 집을 비우게 생겼구려."
"평안도로요? 참 멀리도 가시는군요. 그러나 대장부가 나랏일을 하는 데 있어 어찌 사사로운 일에 구애를 받을 수 있겠습니까. 걱정 말고 다녀오십시오. 집안일은 제가 알아서 하겠습니다."
'서방님이 드디어 벼슬길에 올라 멀리 떠나시는데, 왜 내 마음은 이렇게 불안하고 쓸쓸하지?'
신사임당은 밀려오는 불안감을 주체할 수 없었습니다.
"부인, 안색이 왜 그러시오? 또 어디가 아프오?"
"아닙니다. 서방님이 한 달이나 집을 떠나 멀리 계신다 하니 공연히 마음이 쓸쓸해집니다."
"허허, 나보다 다부지고 통이 큰 당신이 그만한 일로 약한 모습을 보이다니, 아무 염려 마시오. 내 잘 다녀오리다. 사나이 대장부가 도포 자락 휘날리며 세상 두루두루 넓은 곳도 보고, 포부도 키워야 하지 않겠소? 하하하! 그래서 말인데, 선과 현룡이도 데리고 갈까 하오."
"아이들을요?"
"그렇소. 이제 선이도 장성했고 현룡이도 열여섯 살이 되었으니, 넓은 세상으로 나아가 꿈을 더 키워야 하지 않겠소? 이번이 좋은 기회이니 같이 다녀오리다."

> **포부** 마음속에 지니고 있는 미래에 대한 훌륭한 계획이나 희망.

신사임당은 왠지 모를 불안감에 휩싸여 마음이 놓이지 않았습니다.

"꼭 데려가야 하나요?"

"어허, 이런 기회가 자주 오는 것도 아니지 않소. 아이들이 조선 땅 이곳저곳을 살피고, 사람들이 사는 것도 보며 그릇을 키워야 하지 않겠소? 조선의 북쪽 문물•을 접할 기회이니 아이들도 기뻐할 것이오. 아이들이 기껏해야 한양이나 강릉 땅 외에는 가 본 데가 없으니 이번이 좋은 기회잖소."

"예, 넓은 세상을 보고 견문•을 넓혀야지요. 그런데

> **문물** 정치, 경제, 종교, 예술, 법률 등 한 나라 문화의 모든 결과물.
> **견문** 사물을 지적인 의식을 가지고 보거나 듣거나 하여 깨달아 얻는 것.

자꾸 이상한 기분이 듭니다."

이원수는 처음으로 관직에 나가서인지 포부에 차서 극구 아이들을 데리고 가겠다고 우겼습니다.

신사임당은 딱히 반대할 이유도 없지만, 공연히 불안해지는 마음은 어쩔 수 없었습니다.

"당신답지 않게 왜 그러시오? 걱정 말고 흔쾌히 보내 주시오."

"어머니, 걱정하지 마십시오. 아버지는 저희가 잘 모시고 다녀오겠습니다. 아버지 말씀대로 넓은 세상의 문물을 두루 보고 포부를 더 키워서 돌아오겠습니다."

"평안도는 중국 땅과도 가까워 대륙의 문물을 접하기에도 좋은 기회라 생각됩니다. 어머니, 걱정 말고 허락해 주세요."

"오냐, 기특하구나. 너희의 뜻이 정 그렇다면 다녀오도록 해라. 가서 넓은 세상 두루두루 보고 많이 배워 오도록 해라."

신사임당은 불길한 예감에 마음이 편치 않았지만, 아이들에게 온 좋은 기회를 막고 싶지 않아 격려해 주었습니다.

드디어 평안도로 떠나는 날 아침, 먼 길을 떠나는 남편과 자식들을 배웅하러 나온 신사임당은 그들의 모습이 사라질 때까지 그 자리에 선 채 움직일 수가 없었습니다. 안타까운 마음에 발길이 떨어지지 않았던 것입니다.

끝나지 않은 신사임당의 예술혼

　이별이라는 것은 원래 예상치 못한 곳에서 일어나는 슬픈 운명의 장난인가 봅니다. 신사임당이 친정어머니를 그리워하는 마음은 날로 커져 마음의 병이 될 지경이었습니다. 오랫동안 모시고 있을 때는 몰랐지만, 강릉에 홀로 계신 어머니의 모습조차 볼 수 없다는 현실이 견디기 힘들었습니다.

　마음의 병이 몸의 병을 불러온다고, 그리움이 병이 되어 이원수와 아들들이 평안도로 떠난 얼마 뒤 신사임당은 자리에 몸져눕게 되었습니다.

　어머니를 생각하며 그림도 그리고 시도 써 봤지만, 그럴수록 어머니가 보고 싶어 눈물로 밤을 지새우는 날이 많았습니다. 차차 나아지겠지 생각하면서 일어나려고 노력했으나, 몸의 상태는 갈수록 더 안 좋아졌습니다.

　맏딸 매창이 옆에서 정성껏 간호했으나 신사임당의 병세는 더욱 깊어 갔습니다. 매창은 급하게 평안도로 사람을 보내 신사임당이 위독하다는 사실을 알렸습니다.

　평안도에서 소식을 들은 이원수와 아이들은 걱정이 컸습니다. 특히 효자로 소문난 현룡은 마음이 급해졌습니다.

　"아버지, 빨리 집으로 돌아가요. 혹 어머니가 잘못되시면 어쩌죠?

빨리 가서 어머니를 간호해야죠!"

"그래, 현룡아. 그러잖아도 오늘 바깥일을 대충 정리했단다. 날이 밝는 대로 길을 재촉하자꾸나."

이원수와 아이들은 한양으로 급하게 발걸음을 옮겼습니다. 특히 현룡은 애가 탔습니다.

'어머니가 괜찮으셔야 할 텐데. 부디 아무런 일도 없어야 할 텐데……. 괜찮으시겠지? 아냐, 괜찮으셔야 해…….'

현룡의 간절한 바람에도 신사임당의 병은 더욱 깊어졌습니다. 신사임당은 다시 자리를 털고 일어나지 못할 것이라는 예감이 들었습니다. 서서히 다가오는 죽음의 그림자를 느낀 신사임당은 어느 날 새벽, 힘든 몸을 일으켜 깨끗한 옷으로 갈아입었습니다. 그리고 자식들을 불러 모았습니다.

"내가 다시 일어나지 못할 것 같구나. 너희는 내 말을 잘 들어라. 너희도 알다시피 지금껏 나는 어려운 가운데에서도 내 뜻을 펼치기 위해 많은 노력을 했단다. 너희도 모두 부모를 닮아 뛰어난 재능을 가졌으리라 믿어 의심치 않는다. 내 사랑하는 아들딸들아, 부디 너희의 재능을 썩히지 말고 마음껏 펼쳐 보이도록 해라."

"어머니, 무슨 말씀이세요? 마음을 단단히 먹고 어서 쾌차하셔야지요!"

"어머니, 어서 기운을 차리세요."

그러나 신사임당의 죽음은 돌이킬 수 없었습니다. 신사임당은 조용히 누운 채 잠이 들듯 눈을 감았습니다. 1551년 5월 17일, 아직 해가 뜨지 않은 새벽이었습니다.

전날 저녁 날이 저물어 주막에서 쉬고 있던 현룡은 어머니 생각을 하다가 문득 짐 꾸러미를 바라보았습니다. 짐 속에는 어머니에게 드리려고 산 놋그릇이 있었습니다. 순간 어머니가 보고 싶어 짐 꾸러미를 풀어 본 현룡은 깜짝 놀랐습니다. 깨끗하던 놋그릇이 붉게 녹이 슬어 있는 것이 아니겠습니까! 현룡은 급하게 아버지와 형을 깨웠습니다.

"아버지, 형님! 어머니께 드리려고 산 놋그릇이 그만 붉게 녹이 슬어 버렸습니다. 어제까지도 괜찮던 것이 비도 맞지 않았는데 녹이 슬다니요. 이는 필시 어머니께 무슨 일이 일어났다는 증거입니다. 빨리 길을 재촉하시지요!"

이원수와 선, 현룡은 밤임에도 서둘러 길을 재촉했습니다. 그러나 새벽녘, 집에 도착했을 때에는 이미 집 안에 울음소리가 퍼지고 있었습니다.

"아이고, 마님! 흑흑흑……. 뭐가 그리 급하시다고……."

현룡은 다리 힘이 풀려 그만 그 자리에 주저앉고 말았습니다.

조선의 대학자인 율곡 이이와 매창, 옥산 이우를 키워 낸 어머니, 그림과 글씨, 시에 모두 뛰어나 삼절이라 불리던 최고의 예술가, 남편을 이끌어 바른길로 가게 했던 최고의 여장부 신사임당은 그렇게 마흔여덟의 나이로 짧은 생을 마감했습니다.

지금도 오죽헌에 가면 신사임당이 쓴 시와 글씨, 멋들어지게 그려 낸 그림이 전시되어 있습니다. 뿐만 아니라 우리나라 최대 박물관인 국립중앙박물관에도 신사임당의 초충도가 고이 보관되어 있습니다.

신사임당의 몸은 세상을 떠났지만, 그가 지닌 예술혼은 지금까지도 빛을 발하며 우리 곁에 살아 숨 쉬고 있습니다.

신사임당이 죽은 뒤 홍양한˚이라는 사람이 신사임당의 그림에 대해 이렇게 썼습니다.

그림으로 세상에 이름을 알린 사람은 헤아릴 수 없이 많지만 모두 남자요, 부인은 극히 드물다. 더욱이 잘

홍양한(1724~?) 조선 영조 때 홍문관 수찬, 암행어사 등을 지냄.

신사임당 동상 강원도 강릉시 사임당 교육원에 있는 신사임당의 동상이다.

그리는 사람은 많아도 신묘한 경지에 들어간 사람은 많지 않다. 그러나 부인이면서도 그림을 잘 그려 신묘한 경지에까지 들어간 분은 우리나라에서 오직 사임당 신씨뿐이다.

빛나는 예술혼의 소유자 신사임당, 그의 예술은 세월이 흘러도 우리에게 영원히 남아 있을 것입니다.

생각쟁이 열린 마당

시대에 따라 달라지는
역사 속 위인관

우리는 역사책을 읽으며 수많은 인물을 접한다. 그 가운데에는 역사에 길이 남을 업적을 쌓은 위인도 있지만, 폭정을 행하거나 사람들을 괴롭힌 악인도 있다. 그런데 과연 이들이 어느 시대에서나 위인이고 악인이었을까?

이 질문에 관해 생각해 볼 인물로는 조선 제15대 왕인 광해군을 들 수 있다. 광해군은 연산군과 더불어 쫓겨나 죽음을 당한 왕이다. 즉, 당시에는 나쁜 일을 해서 쫓겨난 폭군으로 기록된 것이다. 그런데 과연 광해군이 폭군이었을까?

최근 역사학자들의 연구를 통해 광해군이 다른 어떤 왕보다 나라에 대해 걱정을 많이 하고 나라를 잘 통치하고자 했던 왕임이 밝혀졌다. 광해군이 통치하던 시기는 일본이 조선을 침략한 임진왜란이 막 끝난 시기였다. 나라는 극도로 피폐해졌으며, 민심도 매우 흉흉하던 때였다.

왕이 된 광해군은 민심을 수습하고 백성들의 삶을 돌보기 위해 동분서주

했다. 또한 당시 조선 정치의 가장 나쁜 점이었던 당파 싸움을 해결하기 위해 정파와 신분을 가리지 않고 뛰어난 인재들에게 벼슬을 주기도 했다. 뿐만 아니라 당시 중국에서 큰 세력을 키워 가고 있던 청나라가 위협적인 존재임을 알고 그들을 자극하지 않으려는 외교를 펼치기도 했다.

　이 때문에 당시 권력을 쥐고 있던 사람들에게 미움을 받았으며, 그들에 의해 왕위에서 쫓겨나게 된 것이다. 하지만 광해군을 쫓아내고 왕위에 오른 인조는 청나라에 대해 강경책을 폈고, 이로 인해 청나라가 침입한 병자

호란이 일어나게 되었다. 결국 인조는 청나라의 장수 앞에 무릎을 꿇고 잘못을 사죄한 '삼전도의 굴욕'을 당해야 했다. 만약 광해군이 왕위에 있었다면 병자호란은 일어나지 않았을지도 모른다.

더 가까운 예로 박정희 대통령을 살펴보자. 박정희는 6·25 전쟁 때문에 힘들던 시절 많은 업적을 남긴 인물이다. 새마을 운동을 실시해 농촌의 생산성을 높여 국민들을 굶주림에서 벗어나게 했으며, 국가 경제를 빠르게 발전시키기도 했다. 그러나 그 과정에서 많은 노동자의 인권을 희생시켰으며, 권력을 오랫동안 쥐기 위해 언론을 탄압하고 헌법을 자기 마음대로 고쳐 독재자로 평가되기도 한다.

이처럼 위인은 시대에 따라, 혹은 사람들에 따라 평가가 달라지기도 한다. 과거에 훌륭한 업적을 세웠지만 현재는 그 업적이 나라를 망쳤다고 지탄받기도 하고, 과거에는 역적이었으나 현재 재평가되는 인물도 있다. 이는 역사 속 위인들의 모습이 항상 우리에게 귀감이 되는 것은 아니고, 역적들의 모습에서도 배울 점이 있을 수 있음을 의미한다.

우리는 이에 대해 더 객관적으로 생각할 필요가 있다. 위인들의 업적이라고 무조건 찬양하고 역적들에 대해 무조건 비난을 해서는 안 될 것이다. 따라서 그들의 삶과 업적을 살펴보고, 그 가운데 현재 우리의 삶에 귀감이 될 만한 것을 찾아내는 예리한 통찰력을 키워 나가야 한다.

신사임당의 발자취

1504년 현재의 강릉시 오죽헌에서 태어남.

1510년(7세) 산수, 포도, 풀, 벌레 등을 그리기 시작함.

1516년(13세) 아버지 신명화가 과거에 급제해 진사가 됨.

1522년(19세) 이원수와 결혼함. 결혼한 뒤에도 친정에서 지냄.

1524년(21세) 맏아들 선을 낳음.

1525년(22세) 한양에 있는 시댁으로 올라감.

1529년(26세) 큰딸 매창을 낳음.

1500 — 1510 — 1520

1502년 몬테수마 2세가 멕시코 아스테카 제국의 통치자가 됨.

1507년 독일의 지도 제작자 발트제뮐러가, 콜럼버스가 발견한 땅이 신대륙임을 밝혀낸 아메리고 베스푸치의 이름을 따서 신대륙을 아메리카로 부르기 시작함.

1513년 이탈리아의 마키아벨리가 군주의 통치 철학을 다룬 《군주론》을 씀.

1517년 독일의 루터가 〈95개조 반박문〉을 통해 면죄부 발매를 비판함으로써 종교 개혁이 시작됨.

1519년 마젤란이 인류 최초로 세계를 일주함.

1521년 에스파냐의 코르테스가 멕시코를 완전히 정복함으로써 아스테카 문명이 멸망함.

1524년 독일에서 농민 전쟁이 일어남.

1530년(27세) 둘째 아들을 낳음.
1532년(29세) 둘째 딸을 낳음.
1536년(33세) 강릉 오죽헌으로 감. 셋째 아들 율곡 이이를 낳음.

1540년(37세) 셋째 딸을 낳고 병에 걸림.
1541년(38세) 한양 시댁으로 다시 올라가면서 대관령에서 시를 지음.
1542년(39세) 넷째 아들을 낳음.
1548년(45세) 아들 율곡 이이가 진사 시험에 장원으로 급제함.

1550년(47세) 남편 이원수가 수운 판관이 됨.
1551년(48세) 세상을 떠남.

1530 **1540** **1550**

1533년 에스파냐의 피사로가 잉카 문명을 멸망시킴.
1534년 영국의 헨리 8세가 영국 국교회를 세움.
1535년 에스파냐가 아프리카의 튀니지를 점령함.

1540년 교황청이 예수회를 공식 인정함.
1543년 포르투갈에 종교 재판소가 설립되고 기독교가 금지됨.
1546년 독일에서 신교와 구교 사이에 전쟁이 일어남.

1955년 신성 로마 제국의 아우크스부르크 의회에서 루터파의 자유를 공인함.